如果那是夢想，再苦也要去

前進或死亡，
法國外籍兵團教我的事

許逢儒HOU Fu 著

在朝向更好或更壞的過程中，快樂與悲慘是並存的。
過程中你爬得多高或落得多低都無所謂，那並不重要，
真正的重點是你要走的方向。

——約翰生博士

Contents

Part 1 世界上最快樂的事，就是奔走在夢想路上

Part 2 地中海蔚藍如畫，
我們是有幸的過客

Part 3 未能親身經驗的事，
永遠不該太早下定論

Contents

Part 4 每個人
終其一生都是善人

Part 5 人生
是一場崎嶇的旅途

自序
往後依然

　　離開台灣的時候，我剛滿十九歲，普通高中畢業，服完了義務兵役。偶爾也像大多數年輕人對於未來感到迷惘，可是我的心中早已經有了答案：加入法國外籍兵團。

　　本該是如詩如畫、自由奔放的歲月，而我來到了世上最著名的鐵血軍隊，心裡惦記著家鄉，身上了無牽掛，前方道阻且長，每次遇見困難，當我數次差點放棄自己的時候，我告訴自己後路已斷，男兒只得堅強。這世上仍有深愛著我的家人，我也深愛著他們。我的心裡清楚知道，若是待在台灣，可能將一事無成。

　　此書，有我的真實過往，或許有些故事，能改變你對於人生的一些看法，讓你更加信任自己，朝目標勇往直前，人有無限潛力，且要相信自己。我並不希望正在看這本書的你也來當兵，畢竟在國外當兵，不適合所有的人，甚至不是條正常人該走的路。

　　　　　　　　　　如果那是夢想，再苦也要去

但，那是十九歲的我唯一想去的地方，成為外籍軍人是我的夢想，是我人生必經的路程。年輕的我，想在真正男人的世界裡，闖蕩出一片天。

軍旅生涯終究迎來退伍時刻，收拾完行李之後，出乎意料的有些捨不得。捨不得這件迷彩制服嗎？還是捨不得曾經穿上這件迷彩服流血、流汗的自己？寫下這篇文章的當下剛剛得知，今天是在戰鬥部隊的最後一天。接下來就開始退伍前假期，把剩下的假期放完，最後留一週去兵團總部，處理剩下的文件，拿法國十年長期居留、良好服役證明。原本以為我會因為退伍而喜悅，而我卻開心不起來，過去總是對假期望眼欲穿，但我真的更接近心中的自由了嗎？

退伍前一個月，所屬的連隊被派往非洲，我們剩下的人暫時編冊於其他戰鬥連隊。出任務，是所有軍人的心之所向，可以賺更多錢，像男人一樣戰鬥，讓以後老年的自己有更多故事可講，即使我已經當兵接近五年，但是對於不能與同伴一同去海外仍覺得有所遺憾。

去兵管部報到簽字時，一位法國下士長攔住了去路。他的眼神銳利，彷彿把人看穿。

「告訴我，為什麼要走？」他盯著我這麼說。

「我即將結束合約了。」我這麼說。

「哦，在我看來，這並不是理由。這麼問好了，若是外籍兵團有你想去的地方，你還要走嗎？說不定你能調去南美圭亞那第三步兵團，或是其他你想要的團部。」

我回答不出來，因為確實這些年，這段軍旅生涯在我的人生

與有肝膽人相照，從無字句處讀書。

　　　　　　　　如果那是夢想，再苦也要去

裡留下許多難忘的時刻，很難相信就要這麼結束了。可是這也是必然的結果。曾經意氣風發、奮力拚搏的少年，如今成了不同的人，服役五年，經歷過最困難的時刻，自始至終從未放棄過。而往後，路還很長。我已經找到自己，再沒有理由停留原地。

像我這樣服完五年兵役就退伍的人，說實在也不多，然而有更多的人中途放棄，早早看清自己不屬於這裡。服役期滿沒選擇退伍的人又再簽了另一份合約，在這裡有了一席之地——或者說外頭的世界，已經沒有他們的位置了。

退伍的心情正如十八歲那年，我離開了家，在台灣服義務兵役，我滿心嚮往的跟隨自己內心的聲音，哪怕是前方是堅硬的牆，我也義無反顧的衝撞。路都是人走出來的，只有目標明確，心誠志堅，沒有任何高牆能擋得了你的嚮往。保護傘下的世界很美好，但是我要走出我自己的路。從前如此，往後依然。

英國

德國

巴黎
Paris
外籍兵團募兵站

歐巴涅
Aubagne
募兵篩選站

蒙彼利埃
Montpellier
學習法語課程

法國

瑞士

拉卡瓦勒里耶
La Cavalerie
十三半旅駐地

卡爾維
Calvi
科西嘉島機場所在地

卡斯泰爾諾達里
Castelnaudary
新兵培訓中心

巴斯蒂亞
Bastia
夜間跳傘所在地

庇里牛斯山
Pyrénées
山地訓練中心

科西嘉島
Corse
第二傘兵團駐紮地

義大利

西班牙

地 中 海

法國

黑海

裏海

地中海

阿拉伯聯合
大公國

吉布地

大 西 洋

印 度 洋

馬達加斯加

Part 1

世上最快樂的事
就是奔走在
夢想路上

永遠不要放棄做夢的機會，
因為那是讓人快樂的泉源。
——馬世民

下定決心去當兵！
赴法前的行前準備

　　從高中二年級某一天開始，那時候該是有些浪漫主義的影子，對未來產生想像，每當他人問起我：「你以後打算做什麼？」

　　我都回答：「去法國當兵。」

　　以前我沒想過要當兵，更別說去外國當兵，當兵的想法到底從何而來？說來也奇妙。在我眼裡全世界最好的男人，是我爸。他曾在台灣海軍陸戰隊服役，大家都知道海陸很硬，尤其是在以前那個時代，從小我聽著叔叔伯伯說過這件事，一直感覺特別崇拜我爸，但是他本人卻從來隻字不提。甚至小時候在小朋友間互相打架逞凶鬥勇時，我想向他請教一些格鬥擒拿的方法，他也從來不教我。直到小學三年級的某一天，因為我在學校跟人打架，那個人的爸爸是鎮上惡名昭彰的小流氓，當天就來我家鬧事，作勢要打我，我爸看到二話不說就把他摔倒在地。這件事情之後，

對方爸爸沒有再說什麼，後來在學校時，其他人對我的態度明顯和善不少。

「不要主動惹事，但是如果有人欺負你，可以還手。」爸爸的這番話讓我難忘。

當我爸媽知道我想到法國當兵之後，他們覺得我瘋了。一開始不打算管我，把我的話當作笑話看待，以為我只是心血來潮隨意說說。但是後來一、兩年內，他們卻為了改變我的決定，做了許多努力，先是讓親朋好友來當說客，後來斷了我經濟上的補給，曾有一段時間我離家出走了。直到最後，他們發現無法動搖我的決心，只能迫於無奈接受我的選擇。

為了順利到法國當兵，我開始接觸法國文化，從學習法語開始。在我所處的彰化小城裡，唯一可以補習法語的地方，就是救國團的基礎法語課。對於當時的我來說，一週一次的法語課，要上實在挺不容易，因為法語課在彰化市救國團中心授課，在著名的八卦山大佛腳下，從我家出發並沒有直達的大眾運輸工具，所以我得在高中課程結束之後，自己騎腳踏車過去，來回路程大約五十公里，上完課回到家往往已接近凌晨。

高中畢業後，我一面等義務役兵單，一面四處遊歷、鍛鍊體能。曾有一段時間，我背著簡單的隨身行李獨自一人去了台南，當時在台南火車站租摩托車時，問了租車行的大哥，哪裡有便宜住宿？他竟推薦我：「我家就不錯。」

大哥家大約住了十多個租客，一個月租金台幣三千五百元，房間非常狹小，基本上沒有能夠轉身的空間，幸好勉強有空間做伏地挺身，於是我就在此安定了下來。

在附近找了個簡單的廚房打雜工，拿著一個月一萬九台幣的薪水，當時是低於標準薪資的，不過我志不在此，本來也沒想過要長做賺錢，只希望能夠自力更生掙口飯吃。在餐廳工作的好處就是不怕挨餓，工作中途休息時間有三個小時，正好做為下午鍛鍊體能時間。

德不孤，必有鄰。我很快遇到了一群同樣熱衷體能運動的人：台南鐵人隊組織，只要不懼怕訓練辛苦，都可以參與團訓。有空閒我就去參加他們的訓練項目：早晨通常是長跑，一早起來就跟著台灣超級鐵人界的大魔頭李高偉大哥，跑個二、三十公里訓練耐力，邊跑邊聽各種軍隊的故事，講當年在海龍蛙兵是如何悍勇。晚上則在操場進行高強度間歇訓練，用百分之八十到九十的速度，跑四百公尺，稍作休息之後再次拿命奔跑，如此來個二十次循環。還有游泳訓練、漁光島自由海泳、週末馬拉松長跑等，也會參加移地訓練，從市區到附近鮮有人煙的山林密道，或用腳踏車代步，或有好心大哥熱情開車接送。有時晚上在成功大學的田徑場跑完步之後，結伴去附近知名豆漿店吃些宵夜，喝上一大碗熱騰騰豆漿；有時在漁光島海灘游完一圈，上岸一同烤火，烤些鮮魚和野生干貝。同時，我也訂了某家健身房會員，每週固定自行訓練三、四次。跟著一群訓練魔人，李高偉大哥、邱仲廉教練等等，總是相愛相殺的拚命訓練，也學到了這些運動員不輕易外傳的飲食秘笈、系統科學的訓練思路，還有他們背後的那些故事。

在台南一邊打工、一邊練體能，當時我實在沒有閒錢再去補習法語，只好自學，所幸現在網路上有許多良好的學習資訊，提供了許多幫助，尤其是教育廣播電台的法語聽講，基本上聽了再聽，聽了好幾百講，為我的法語能力打下基礎。

　　　　　　　　　　如果那是夢想，再苦也要去

台灣義務役最後一天，當兵四個月就成了待退老鳥，即將繳納裝備退伍，理論上是不能擁有手機的，但仍留下了這張照片。

咻！
換了一個全新身分

　　坐在飛往法國的飛機上，這是我第一次獨自出國，心裡絲毫沒有旅遊的心情，只想著不成功便成仁。英語聽不懂也不會說，法語則勉強能簡單溝通。順利過了法國海關之後，迎接我的，是三月巴黎冷冽的風，雖然穿著羽絨外套，寒氣仍然輕易地穿透身體，看著偌大的機場候機大廳，來來去去的旅客，身邊各式各樣的外國人，一切都好新鮮。

　　因首次出國不曉得要開通國際漫遊，一抵達法國手機便沒了網路，不過從機場去巴黎募兵站的路，早已銘記於心。

　　外籍兵團在巴黎的募兵站說實在的並不是很好找，沒有路標指引，處在巴黎遠郊，從一個平凡無奇的十字路口走過，突然左邊方向有座城堡大門，準確來說是軍事堡壘大門，有一層樓高，從半圓拱形的沉重大門看過去，隱約看到了門後，有個高大的衛

兵就站在那裡。我上前去，第一次如此接近法國外籍兵團，我仍記得那名衛兵是亞洲面孔，他要我交出護照，接著就有人領著我進去旁邊的小屋。

在屋內有三、四位同時來報名的人，不過我們沒有交談的權力，甚至沒有人嘴角含笑。前方站著法國士官，我們就在他的要求與注視下，從包包內倒出了自己所有的隨身物品，他一一檢查。接著所有人被帶到另一棟樓，在走廊上測試單槓，成績就寫在右手手背上，大部分的人都做超過十下，我做了十二下；有個人只做五下，就直接離開，沒有被留下。

通過單槓測驗的人被送進等待室，等候期間有位軍人拿問卷讓我們填寫，還找了位中國人幫我翻譯，那名翻譯是早我幾天來報名的志願者，已經寫過問卷。問卷問題涵蓋頗廣，姓名、國籍還有學歷，哪一年做什麼事，有沒有犯罪記錄？是否吸毒？有沒有身體疾病？通過什麼管道認識到外籍兵團？有沒有認識的服役人員？為什麼來此參軍等問題。

等待唱名時，下士突然「咻」的大喊，當時喊了幾遍都沒有人應答「Présent！」，就是法語「在」的意思。旁邊的人才提醒我是在叫我。因為外籍兵團所有人只互稱姓氏而不會叫名字，而且外國人通常難以發中文的音，便把我的姓氏「許」叫成「咻」了，所以將來我得好好適應，只要類似的叫喚，基本上都會是在叫我。

第一個在外籍兵團的夜晚，我躺在上鋪看著窗外，儘管在飛機上沒有睡好，但我依然失眠，盯著窗外月亮，月亮的曲線彎得有些魔性，如同巫婆的笑容，這就是國外的月亮？還真是不圓。隔壁床的鄰人在胸口比畫十字，雙手交握於胸前，眼睛卻無神地

睜開著。——此刻對誰都不容易。

　　隔天，幾個新人一一被叫到辦公室，進去坐下之後，面前的長官沒有對我多說什麼，核對了基本個人資料後說：「以後你就叫做 HOU fu（音近「侯夫」）。」在法國的第二天，我有了另一個名字、另一個身分，連我的出生地、生日、父母的名字等都有了全新的「設定」。

　　擁有了全新的身分，接著是身體檢查，依然是漫長的等待，從驗尿、視力、心電圖、聽力，到最後全身脫光讓醫生檢查身體。每項都至少等一個多小時，期間也不許交談。醫生完全不像是醫生，倒像極了個屠夫，大件的白色醫生袍披在他身上像是緊身衣，讓人想起台灣前些日子的新聞上，死刑犯藉著看病名義逃獄的事，在此處永遠不會發生，反而會提前執行死刑，醫生即是劊子手。

　　房間裡除了我以外還有幾位志願者，有幾個人相當強壯，總是趁著睡前，在床邊做伏地挺身。有三位壯漢身材特別讓人印象深刻，身高一百九，身材強壯如牛，是我們永遠不想在深夜小巷遇見的那種人。其中一位醒目的美國大光頭壯漢，笑起來很像科學怪人，另外兩位巴西壯漢，膚色一黑一白，都是爽朗的漢子，很快就在等待室裡互相比賽腕力，最厲害的是那名巴西黑人巴拉岡薩，他與美國光頭壯漢比賽的時候，彷如世界大戰，所有人屏氣凝神圍觀。他們有如古羅馬戰場那各領風騷的英雄，兩個人都有可怕的體魄，但是結果卻是毫無懸念，巴西明顯更勝一籌，當下我感覺木頭桌子都差點斷裂。

　　幾個人因為身體問題被送走，那美國光頭壯漢也在其中，臨走前，他用豐富的肢體語言告訴我們，今晚將與姑娘同眠，而我

　　　　　　　　　如果那是夢想，再苦也要去

們留下的人只能⋯⋯自我解決吧。

　　剛到募兵站的前幾天，幾乎每天都在等待，等著簽合約，等著面試，還有等吃飯，等候室裡放著介紹外籍兵團的雜誌，也是我們少數的消遣。偶爾飯後和蒙古小哥角力，剛開始總是被摔倒，我屢敗屢戰，後來他越來越難擊倒我，甚至我偶爾還能險勝。蒙古小哥說，他們那裡的人會把手放進牛尿裡，手便會堅硬如石，可以破壞任何東西。當下我向他表示感謝，真是好的搏擊技巧。不過我心想，打死我也不會嘗試。

　　每每跟蒙古小哥角力後，脖子就會異常疼痛，因為他會抓著我的後頸，拍打頸部使人頭暈，然後拉扯衣領破壞重心，再用腳一絆，瞬間將我摔倒。

　　在巴黎募兵站期間，我們被禁止任何運動，禁止做任何事，只能待在一個密閉的室內，度過枯燥漫長的等待，唯一值得慶幸的是伙食還不錯。除此之外，身處異鄉的我失去了自己的語言，中文在此顯然無用武之地。後來我在等待室某個不起眼的角落裡，發現了一段中文寫下的話：「這裡不是人來的地方。」

每個人都有過去，
而這裡是忘記過去的地方

　　離開巴黎募兵站後，由兩名士官帶我們這群志願者，前往外籍兵團所在的法國第二大城市馬賽旁邊的小城鎮：歐巴涅。

　　早晨四點起床，交還所有個人物品，換上原先報名時穿的便服，從巴黎火車站出發，一路往南方前進，目的地是外籍兵團第一團部，在那裡開始正式的募兵篩選。

　　那是一座偌大的倉庫，志願者們在此排成一列，由左至右，叫到號的人，進去拍照。在此之後，所有人脫光衣服，連內褲也不例外，完全地「袒裎相見」，把個人隨身物品放在腳前方，接著由一名士官統一發放衣服、褲子、內褲和盥洗用具等等供篩選期間使用的基本生活物品。我們自己的行李都不能留，包括香菸、字典，所有一切。

　　我們這群志願者，此刻都穿著藍色運動套裝，繫腰帶掛水壺，

　　　　　　　　　　如果那是夢想，再苦也要去

這時的我們被稱為「Bleu」，法語中藍色的意思。

此外，在這裡，我們這些從巴黎募兵站來的人，被戲稱為都市巴黎人（Parisiens），與其他地方報名的人混在一起。

當集合場鈴聲一響，幾百個志願者必須第一時間跑過去集合，其他時候就在營區負責打雜，時常動不動就會響鈴。讓我們集合的原因很多，有時候只為了找一、兩個人做事，或者是說幾句話，再來不外乎問誰要離開？

三月，即便在法國南方，戶外依然寒冷，我們身上並沒有禦寒衣物，早上五點起床後，就待在戶外，等待集合去餐廳吃早點，早晨的冷冽空氣下，所有人都沒有太多交談，試著擠在靠牆的背風面，盡可能依偎著彼此的身體，如同在冰天雪地的企鵝只能擠在一起取暖。

篩選前在兵站的每一天都是枯燥無味的，不會有任何人尊重我，因為我只是未入伍的志願者，即使有人在這個階段生病，他們也不會讓人接受治療。

在這裡待了一週後，我就生病了，原因細究起來，我想是我吃了巴西人吃不完剩下的牛排。那天我看到那位強壯的巴西朋友，臉色不太好，牛排只吃了一口，就不再進食，然後我就替他吃完那塊牛排，不能浪費啊！之後我才想他當時應該是病了，所以才沒有胃口。

而且我們裡頭，許多人都為了參軍而特意出國，本來就沒有接觸過其他國家的人。一群人聚在一起，疾病瘋狂肆虐其中，亞洲人生美洲病，美洲人生非洲病，非洲人生澳洲病，澳洲人生歐洲病，歐洲人再生亞洲病等等。

「你身體不舒服？」

「那你就離開吧，這裡只需要不論如何都堅持下來的人。」

在那裡，我遇見了第一位來自台灣的同鄉。一個假名為「韓」的年輕人，在台灣海陸服役過一年，因為在南非長大，說著一口流利英語。

初次見面時，他告訴我：「在這裡雖然辛苦，但是法國外籍兵團福利很好，而且你還年輕，錄取機率很大，不管再怎麼辛苦，只要撐下去，法國會照顧這些為他服役的人。」

不過，在認識他後第五天，他提出了退出申請。

我十分不解，便在他收拾行李離開前，找他細究原因，他回說，再多一秒都待不下去了。

理想碰上現實，不總是那麼豐滿，有時真的很骨感。新兵在高壓環境下被篩選，除了生存所需，其他一切難求，很多事情都令人費解，也不會有人尊重，或許那本來就不是必須給予的。例如洗澡時間只有十秒，衣服都不讓穿就讓人去外頭吹冷風、思考人生，我因此對法國冬天的酷寒留下深刻印象。

在總部時，我們藍色菜鳥們總是做各式各樣的勞動，一會兒要徒手翻新草地，一會兒又要去搬運貨物，再不然就是去餐廳洗盤子、掃地。

既然志願來到法國、效忠法國外籍兵團，吃不飽穿不暖是常態，更沒有娛樂可言，沒有手機及一切通訊設備，口袋裡只有一本空白小本子和一支原子筆，而且必須時時放在口袋。這也是我們必須記牢的一句話：本子和筆永遠放在可及之處（carnet et stylo sont toujours dans la poche）。

如果那是夢想，再苦也要去

在卡斯泰爾諾達里的新訓中心。

隨身攜帶紙筆為的是寫下來的事情永遠不會忘記。除了可以讓我們學習語言之外，也得抄寫長官所下達的命令，以及該注意的事件。需要記錄的事情可不少。

　　我在當兵期間，最早認識的中國人叫做「朗」，曾在法國打黑工，在巴黎待了數年，苦無法國居留的合法身分，薪資總是比其他人還要低，所以已經三十歲有餘的他，來到了法國外籍軍團。

　　每一個來到外籍兵團的人，難免有苦衷，套一句山東戰友朗當時說過的話：「唉！選不上愁，選上也愁，還是選上好了！」

　　藍色菜鳥必須通過智力測驗、體能折返跑和單槓測試，接著將會被傳喚與高級長官面試，我總共面試了兩次。語言不通的人可以要求翻譯，當時是名中國籍下士長替我翻譯。

　　面試的問題不外乎參軍的理由、能否為法國犧牲、是否接受法軍每月一千四百歐元的薪資，還有進行身家調查。法國外籍兵團能接受志願者曾經犯罪，但是現在已經不再接受強姦犯、殺人犯。很多人都是為了告別過去而來，等到第一份合約結束，曾經有過犯罪記錄的人，可選擇與過去一筆勾消。但是法國的身家調查非常嚴格，不容許說謊者，若是事後調查發現此人說法與真實情況有出入，輕者關禁閉，重者遣返。

　　面試完之後，最後則是軍方高層開會，決定最終留下的人。

　　頒布篩選結果時，每個志願者拿好背包，裡頭裝著所有領取的東西，按照身高由高至矮排成五行，等待法國長官頒布入選者姓名。如果被唸到名字，就代表「幸運」入選了，這時候我們不再是「藍色菜鳥」，而是戴上紅色臂章，被稱為「紅色」，我不明其意，可能在法語裡面紅色代表更加高級吧？

　　　　　　　　　如果那是夢想，再苦也要去

第四個就叫到了我。我們這群人之中，加上我共有三名說中文的人，另外兩位來自中國，包含原本就交談過的朗，還有另一位趙雲。

　　趙雲，這是兵團賜予中國戰友的假名，年近三十，身高略高於我，性格樸素耿直，原在中國有個體面的工作，同時也有妻、有子，他來到法國，為了當兵準備了一年多，當初單槓連一下都拉不起來，現在能拉十五下。因為親戚曾經在此當兵，退伍後經商致富，在巴黎買了數間房屋、經營數間菸酒專售店。他知道法國經商容易，所以特地來此，想透過當兵來取得法國身分。

　　在歐巴涅，是入伍前的篩選，也有最後反悔的機會。來到此的志願者絕大多數年齡都介於二十五歲上下，超過三十歲的人不多。這些人裡頭，有些人大學剛畢業，有的特種部隊退伍，也有無業人士，甚至有醫生、工程師，各行各業、各式各樣的人，兵團對所有人都一視同仁，每個人都得重新開始，一切歸零。

　　我們離開熟悉的生活環境，有些人拋下穩定的工作，有些人有妻有子，是為了什麼讓他們來到法國？更重要的是為何堅持下去？每個人都有過去，而這裡是忘記過去的地方。

他鄉遇同鄉

　　來到卡斯泰爾諾達里的火車站，每個人都背負著沉重的行李，前面一個包，頭上還有一個，加起來接近五十公斤的裝備行囊，部隊派了專屬的巴士負責接送我們。

　　我們的目的地是外籍兵團第四團的兵營，這裡是所有外籍兵團新兵參與培訓的地方。大巴士進入營區，在新兵訓練宿舍前停下。

　　在士官指揮下，我們卸下所有的行李，依序搬上宿舍二樓。來到二樓走廊前，兩位大鬍子長官在這裡等待我們：羅馬尼亞下士長，還有英國下士。而我們所有的戰術背包（Musette）、迷彩戰鬥野營背包（Sac à dos）和行李袋（Sac TAP），都被混雜在一起，每個人得在其中找到自己的裝備包，而湯尼始終沒有找到他的包，找得滿身大汗還是找不到。羅馬尼亞下士長，這位黑色大鬍子直接打了他幾拳，再拿著鑰匙打了他的頭，血就這樣從湯尼的額頭

　　　　　　　　如果那是夢想，再苦也要去

很多人以為要在軍隊裡混得出色，必須要勇猛無敵，體能超群，其實並不然，當兵最重要的是「情商」。（圖為巴黎剛哥提供）

流下，留了個拇指大的傷口。後來我們才知道，原來當時那只是上級的惡趣味，藏起某個包，故意藉此打人罷了。

奔波一天到了新兵訓練中心，每個人分得一個床位。找到行李之後，我們一行人被命令直接熄燈就寢，沒有人可以洗澡、更換衣服，只能帶著一身疲憊窩進睡袋，然而這卻是最美好的時刻，什麼都不想。

第二天長官給我們每個人指定房間，每個房間都搭配一名下士，當所有人把背包放進了房間時，我們那間房還是鎖著的，有人鼓起勇氣敲了門，然後昨天那位大鬍子下士開門出來，瞪著每個人，就這樣叫我們在走廊站著，沒他的命令不准進房。我們在走廊等了不知道多久，直到排長過來詢問發生什麼事，為什麼我們不進去房間，這時候下士才開門讓我們進去，排長也沒有多問什麼。我們房間的下士是所有士官中最嚴格的一名，他是嚴格著名的傘兵出身，新兵在房間裡直到晚上熄燈，都不能碰到床鋪，只能站著或是坐在板凳上學習。

房間很乾淨，沒有任何多餘擺設，僅有五張床，和與床位相應的鐵櫃，最裡頭的是下士的床位。每間房間內設有一間浴室，還有洗臉槽，房內的浴室只有下士能夠使用，其他新兵只能去公共浴室。從陽台望出去能夠看見集合場，也可以通到相鄰的房間。

時常我們會聽到「Couloir」，這個詞在法語裡是「走廊」的意思，我們一聽到這個詞就得馬上離開房間去走廊集合。絕大多數人礙於語言，完全聽不懂命令，我們就觀察少數懂法語的人，要去哪裡，要做什麼，如果要換衣服，則看他們要換哪一套衣服，等他們拿衣服出來時，我們再馬上拿出一樣的換上。

　　　　　　　　　　如果那是夢想，再苦也要去

在這裡我遇到了另一個台灣人新兵，他已經新訓第三個月，即將結束下部隊，可惜我們是在集合前兩支隊伍交錯時擦肩而過，僅說了幾句話，我就馬上去集合了。

「你是尼泊爾人嗎？」這是那位台灣同胞看到我的第一句話。「不是的，我是台灣人。」我如此回應，接著他以台語回我：「哩係台灣郎喔！」

這不是我唯一一次被誤認成尼泊爾人，連在餐廳排隊的時候，其他桌的尼泊爾人也不時地偷看我，露出一種似乎見到親人的神情；更甚者直接用尼泊爾語對我說話。

新兵訓練為期四個月，我們在新兵訓練中心先待上一週，接著轉移陣地去野外訓練。在這裡，我遇到了當時在巴黎募兵站曾經早我幾天來報名，幫我翻譯過的中國人。即使他們早我們一週先到了新訓中心，我們兩批仍一起進行新訓。我看到他還挺開心的，就問他這裡怎麼樣，他卻用法語告訴我，這裡只能說法語。

這位中國戰友當時的假名為「潘」。他來自中國東北，身材頗為高大，粗壯的小腿讓他必須穿最大尺碼的黑色硬式軍靴，但是即使腳能放進去，鞋側面的扣帶也綁不起來。他曾經在國外留學，碩士畢業，說得一口流利英語，總是與說英語的外國人混在一起，與加拿大的哥們混得最好。

新兵首道難關

　　　　　　　　　　如果那是夢想，再苦也要去

新兵訓練第一個月是傳統的野外實地訓練，離開卡斯泰爾諾達里，乘坐大型的軍用卡車兩個小時之後，到達了山中的小基地，這個我們稱之為農場（Ferme）的地方。

　　一抵達農場，舉目所見為一群新兵正背著行李繞著山丘奔跑，前陣子認識的朗也在其中。不遠處站著負責監督的下士，看到他的第一印象就是「好日子徹底結束了」。他的樣子像是電影裡頭的俄羅斯反派，生著一副似蛇的眼睛，青色花邊的瞳孔，個頭高大而且陰冷無情。

　　卡車熄火的那一刻，他對著我們所有人大吼，意思要我們立刻下車，然後把行李丟下來，到旁邊的小建築排成一列。此時，

前面梯次那些人，他們也過來與我們一起集合。

　　農場的結構十分簡單，只有宿舍、廚房食堂和禁區軍官食堂，訓練場是由農場老倉庫改建而成，設有單槓和攀繩設備。

　　在農場訓練的過程是艱辛難熬的，我們曾在暴雨天繞著山丘上的火焰地標跑步，沒有人細數我們到底跑了多少圈、跑了多長時間，雨勢之大連負責的俄羅斯蛇眼下士也在建築內躲雨。直到所有人幾乎都精疲力竭，開始放慢腳步用走的，反正身在狂風暴雨中，情況也不可能更糟了吧？事情證明，我錯了。那些混蛋下士，從屋內出來，手裡還端著熱騰騰的咖啡，命令我們所有人跪下，接著繞著山坡爬行，在髒污泥濘、遍地碎石中匍匐前進，如果有人耍小聰明避開泥地，到外圍略為乾淨的草地上爬行，馬上會得到幾腳軍靴，被踹去最多尖石頭的地方。

　　吃飯時間也並不輕鬆，得先在食堂前集合，拳頭頂地在小石子地上做伏地挺身，直到長官滿意了才能站起來。我們無視顫抖的雙手，拚命貼緊褲縫，保持一副最精實、值得去餐廳吃飯的樣子，按照慣例，大聲背誦榮譽信條。

　　在食堂裡，必須等到所有人盛好餐盤，用餐前再唱首兵團的標誌性歌曲〈血腸〉（Le boudin）*——首先每個人拿出鐵製的大杯，把杯子裝滿水直至滿溢，再等一聲令下，此時必須一口氣一飲而盡，喝完之後把鐵杯高舉過頭倒過來，最後喝完的人等會得做伏地挺身，等到每個人喝完水，我們會用鋼杯敲擊桌面，接著開始唱歌，慷慨激昂唱完後，就會有長官連問三遍：「誰打算放棄？」所有人直視前方回答：「沒有人，長官！」

　　偶爾有可以午睡的時間，得在一分鐘之內脫掉滿是泥巴的衣

　　　　　　　　　　如果那是夢想，再苦也要去

服，鑽進溫柔的睡袋。叫人清醒的方式卻簡單粗暴，下士叫一聲起床，還沒等我反應，接著就把我的折疊床直接推翻了，睡夢中的我突然經此遭遇，臉部重擊在硬石地板，世界上沒有其他方法比這更加有效地讓人清醒。每每遭遇，我會毫不懷疑地從睡袋裡狠狠並且飛快地爬出來，立正站在床前。英國下士侯韋，是我們的值班士官，若是違抗他的命令，下場就會如同湯尼——我那苦難不斷的同梯夥伴。

侯韋下士是槍枝課程的示範者，為我們展示槍枝拆解，第一堂課學習如何分解一把槍再重新組裝。法國制式的法瑪斯突擊步槍，於七〇年代開始成為法國軍隊及警察制式突擊步槍，算是年代較久的步槍，精準射程三百米，第一代法瑪斯 F1，裝滿彈匣接近四公斤，槍身平衡，手握把恰好是槍身重心點，沒有像其他槍枝前身太重，射擊時容易不穩往下掉的問題。組裝槍枝的過程看似不難，但是如果有人聽不懂並在執行時犯錯，犯錯者並不會受到處罰，而是懲罰他之外的所有人。正如他們說的，我們是個團體，同伴的錯，就是所有人的錯，不能對身邊的同伴冷眼旁觀，得在他有難時，不惜一切幫助他，否則終究會苦了自己。更何況，有些錯誤，得付出生命的代價。

接著是射擊動作的課程，先是簡單的正手持槍，接著背槍，必須練到一聽到指令，就能馬上做出動作，沒有任何遲疑。只要有人犯錯，所有人就得把槍高舉過頭，去山丘上繞火焰標誌跑一圈，我們有接近五十個人，當天我們來回跑了不知道多少次，手臂光是舉著槍就已經發麻，但是無論如何都不能放下槍，只能趁著長官沒注意，稍微放低，用頭頂著跑一會，等他看過來再趕快

▋農場所在之處，舉目所見都是荒郊野嶺，行軍幾公里才會看見一戶農戶。

　　　　　　　　　　如果那是夢想，再苦也要去

世上最快樂的事，就是奔走在夢想路上

舉起。後來長官覺得舉槍跑步太輕鬆，就讓我們扛著拖拉機輪胎跑，看著那輪胎，只能暗自吞一口口水，上吧！

　　在我們之中最高的巴西黑人巴拉岡薩，他就像是現實版本的巨石強森。當所有人一起扛著輪胎繞山跑步，他一個人就分擔了大半重量，以他的近兩米的身高扛著輪胎，我們只能用頭頂著才能配合他，當然我們也因此輕鬆一些。說真的，他脖子下方那兩塊斜方肌真不是蓋的。

---

* Le boudin 原意是「血腸」，指的是困難條件下進行遠距離戰役時的輕便
　裝束，因形狀貌似血腸而得名。這首軍歌中唱到「膽小的比利時人」原
　因來自普法戰爭時比利時國王為求中立，要求比利時人退出兵團、不得
　背「血腸」出征，其他兵團成員以此為歌譴責比利時同袍。

　　　　　　　　　如果那是夢想，再苦也要去

等待我的，
是日復一日的疲憊與訓練

　　在農場有屋頂遮風避雨的日子並沒有持續太久，起初至少還居住在室內，每個人有自己的折疊床、一個小櫃子，在床下放置行囊。白天訓練上課，晚上則是整理內務，或是繼續訓練上課。其他時候，我們被趕到野外，大部分時間睡在樹叢中，有時睡在自己挖的戰壕裡頭。

　　整理內務時，整齊只是基本要務。檢查內容包含櫃子裡特定衣物的擺放是否正確：戰鬥服 T 恤及戰鬥襪摺疊好，在 T 恤裡面得套張 A4 紙，保持整齊弧度；運動服 T 恤及運動毛衣也需如此整理。除此之外，運動服的擺放也有規定，T 恤在上面，摺好後剛好露出背後的「Légion」字樣，運動毛衣則在其下剛好露出「Étrangère」字樣，合起來就是「Légion Étrangère」（外籍兵團）。運動襪一正一反相疊，正面運動襪在上，以三指寬開始摺，摺到

後面再把反面襪翻過來套起，必須剛好露出腳踝部位的紅綠代表性條紋。

　　而著名的白色高頂軍帽，則需找個方盒，用藍色長腰帶正面環繞，兩側套入紅綠色護肩，最後再把白色高頂軍帽放在上面，白色高頂軍帽必須永保整潔。這頂白色高頂軍帽以前曾是卡其棕色，但是在外籍兵團進軍撒哈拉沙漠的年代，原先卡其棕色的帽子因長時間行軍日曬而褪色變白，這也是後來外籍兵團採用白色高頂軍帽做為代表的原因。如果以後有勳章，可以擺置白色高頂軍帽下，鑲在被藍色長腰帶裹著的盒子前，如此看來就會是乾淨整齊，也能凸顯其代表意義。

　　初來乍到時，每個人按照長官示範，開始整理床頭的櫃子，依序摺好衣服，為了保持形狀，裡頭塞好 A4 紙，襪子、內褲用兵團傳統方式整理。最終檢查前，每個人在床前立正，等待下士內務檢查，其標準是極盡吹毛求疵之能事。沒有通過檢查的人，下士會直接把櫃子裡大半的東西翻到地上，更甚者還會把衣物丟出窗外，當時還是半夜！而且我們農場處於荒郊野嶺，密布的樹叢及溝渠，常導致東西一丟就是永遠不見。如果丟的是大物件軍品還算好找，但若是些小東西，細心包好的襪子、剛洗好的內褲被丟了，真不知道從何找起。與忍受上級語言羞辱相比起來，這也不是大事。大家都長這麼大了，早就到了連父母都不再苛責的年紀，可在這裡就得忍受這樣讓另一個男人，近身拉著衣領、瞪著臉、指著鼻子大罵，卻不能吭一聲，因為他有權力，讓我做任何事。

　　在農場期間，每天早上基本跑步十公里，再加上爬繩、拉單

　　　　　　　　　　如果那是夢想，再苦也要去

我的白色高頂軍帽,在帽子裡頭放了家人的照片,底下藍色腰帶圍繞的盒子前掛著的每個勳章都是受過的訓練,右邊則放了在杜拜買的彩沙,左邊放了在非洲當地買的大象。這層櫃子每個人可以選擇如何擺放,通常新兵只有空空一片,唯有資深者能驕傲抬頭。

槍鍛鍊體能。我熱愛跑步,以前在台灣,每天跑步十公里不成問題,週末常常去各地參加路跑,馬拉松也不是什麼難事。

　　但是這裡的體能訓練,根本就是種折磨,什麼叫熱身?什麼是慢跑?什麼是循序漸進?那些是什麼?不知道。只有每天不停超越極限。訓練士官都是體能好手,而且每天負責的值班士官是輪班制,只要這天拚命帶我們訓練,隔天就是休息,所以我們每天迎接的都是魔鬼訓練。日復一日,等待我的不只是疲勞,還有無止盡的訓練。

　　到農場一週之後,來了一位新的下士長,他原本負責另一隊的新訓,但因為把其中一名俄羅斯士兵打得頭破血流,事情鬧到

連長那裡，於是被調到新兵農場來。對他這種服役十多年的人來說，新兵根本不是人，他認為的「人」是那些與他出生入死、共同出任務的夥伴。我們這些菜鳥，如果撐過新訓，就有機會到他那些兄弟身邊；如果我們在戰場上犯錯，就會導致他的兄弟們遭遇危險，因此他會用盡所能淘汰我們，讓我們體驗到何謂地獄。

　　他不像另一位羅馬尼亞籍大鬍子下士長一樣動不動就動手打人，他給的折磨更多是精神上的。即使他一副嬉皮笑臉，我們仍可以感覺到他的惡意，他常常想方設法玩弄人，神情卻總是毫不在乎。

　　有一次晚上，趙雲正要去洗衣服，在下士長跟人講話時經過，下士長立即一把抓住他，二話不多說揍了他幾拳，一手指著窗戶的方向，一手掐著他的領口。當時沒人知道什麼意思，趙雲以為要把衣服全部丟出窗外，照做了又被揍了幾拳，下士長把他推到窗口要他跳下去，當時我們在二樓。幸好這時，羅馬尼亞籍下士貝古剛好過來，兩手打開擋在趙雲面前，才讓他逃過一劫。不過下士長並不打算就此罷休，還是堅持要趙雲跳下去，他直接爬出窗外的鐵欄，說著：「我先跳給你看，你接著給我跳下來。」幸好我們合力攔住他，他真是位瘋子，渾身酒味，我想他當晚一定喝了不少酒。

在軍隊中學法語

　　在我們這群新兵菜鳥當中，有七位會說法語的人，其中有兩位法國人、幾位舊日法國殖民地的非洲人和一位加拿大人。雖然都是說著同樣的語言，但是都有著各自的口音，要同時聽懂魁北克人和摩洛哥人說話，不是容易的事。

　　慶幸的是我已經有些語言基礎，大約能聽懂百分之三、四十的命令吧，仍不太足夠。除了我之外的華人，潘平常不怎麼與中文母語者來往，都在說英語或是法語的圈子活動；而另外兩位中國戰友則總是與我一起，讓我充當法語翻譯。

　　還記得在新訓中心時，所有人被強迫自費買了許多東西，其中就包括中法字典。說實話，那本字典有很多字根本查不到，只有生硬的翻譯，沒有任何延伸例句，後面則是中文直譯法語，但是把中文字一個個拆開，就無法確實理解其中意思，對法語下過工夫的人來說，用這本字典真是折磨。

新訓中心發放的外籍兵團手冊裡面有許多簡易的生活用字，配上還算淺顯易懂的圖片。除此之外，兵團也幫我們安排了法文課，第一堂課由少尉排長莫里擔任講師，課程內容很基本，符合我們之中多數人的需要。

　　莫里少尉有一雙湛藍的大眼睛，一八五公分的身高，皮膚白皙無瑕疵，而臉上從未有過多餘的表情，很難從他的表情猜想他到底在想什麼。他是農場裡的最高指揮官，剛從法軍名校聖西爾軍校畢業，外籍兵團新兵排是他第一次真正的帶兵。

　　這裡有法語母語者，有些人有點基礎，也有絕對的法語文盲，負責授課的莫里少尉任務非常艱鉅，當然對我們更是不容易，尤其在整天的強度訓練後，還得不停複誦著排長唸出的單字。第一堂課學的是關於身體各部位的法語說法，排長先說單字，接著說幾個例句，特地說得緩慢讓每個人都能聽懂，接著隨機抽考，亞洲人是最常被點到的，因為我們確實因母語差距太大，在學習法語上更加困難。相比其他各大洲的人來說，會英語的就不提了，南美洲人會說西班牙語和葡萄牙語，東歐人的語言都是類似語系，就連非洲人，都因為被殖民過，也至少會一種歐洲語言。

　　以新訓時羅馬尼亞的戰友為例，他即使是完全的法語文盲，從來沒學過法、英語，也很快就能用法語表達己意，有環境的幫助，半年左右就可以進行大部分溝通，即使說得仍有口音，但是比起我們中文母語者好得多了。

　　每個會說法語的人都負責帶六位外國語言者，我們的法語小老師是馬達加斯加人：唐，組員則有西班牙人、義大利人、瑞士人、烏克蘭人和我。小老師必須承擔責任，如果我們聽不懂命令，他

　　　　　　　　　如果那是夢想，再苦也要去

就得連帶受處罰。西班牙人與義大利人是可怕的雙人組，老是犯錯，使得我也被連帶處分，每天多練幾百下伏地挺身，多幾趟背輪胎跑山。而烏克蘭人則是明顯的脾氣不好，老是惡狠狠地盯著人說俄語髒話，他也沒想讓人聽懂，只是種表達不滿情緒的方式。

　　這裡沒有太多種族問題，即使與我同組的烏克蘭人，曾哀傷地說著家鄉許多朋友因反抗俄羅斯而死，但是他總是與俄羅斯人聚在一起，國家問題與他們無關。「政治產生許多問題，但人民本無辜。」這是他對我說的話。

吃不飽的日常

　　在新訓期間，飲食並不豐盛，每天早上每個人能分到一點法國麵包、一小塊奶油，有時候是巧克力醬或是果醬。法國的法國麵包和台灣的法國麵包有著截然不同的口感，不知道到底存放了多久，如果拿這麵包敲人的頭，肯定會痛得哇哇叫。

　　這裡的伙食說實話並不夠維持一個正常成年人整天消耗的熱量，況且我們還得承受大量訓練，絕大多數的時候，都得忍受飢餓；也有弟兄在集合講話時，站著突然暈倒的情況發生。

　　在這種情況下，任何「食物」都變得格外珍貴。有次，下士長叫我們集合，在大家面前介紹了一條狗，鄭重表示這是他的狗，絕對不能吃牠，尤其中國人都被點名，「若是狗有個三長兩短，你們都是頭號嫌疑犯，準備一起陪葬吧！」下士長這樣威脅著。

　　我們在農場訓練時，身處荒郊野外，也沒有太多食物來源，飢餓到了一定程度，來自文明的人，都可能變得很不文明，甚至

從垃圾桶撿食物。印象中,有一位烏克蘭人在整天廚房打雜結束後,在垃圾桶找到了一根長官丟棄的法國麵包──我們稱之為「法棍」,直接就在大家面前吃了起來,不知道有多麼讓人羨慕。

在兵團裡,吃飯也是門學問,即使絕大多數人都吃不飽,但仍有些挑食的人,如果吃飯時坐在他們旁邊,當他們把自己喜歡的食物吃完,剩下的你或許能分一杯羹。還有一些基於宗教信仰而不吃牛肉的印度教徒、不食豬肉的穆斯林,都是吃飯時應該「關注」的對象。

有一天我們的午餐是豬肉香腸,我旁邊恰好坐了位突尼西亞人,理論上他是不吃豬肉的阿拉伯人,但是卻看到他大啖香腸,於是我問他:「這不是豬肉香腸嗎?你應該不能吃呀。」

他當時一臉正經回答:「這不是豬肉,是大象肉做的。」

我啞口無言,雖然當下有些不明其意,直到一段時間後才懂,他並不真的覺得那是大象肉香腸,而是在當時的情況下,他只能這樣說服自己。畢竟如果不吃,沒有足夠的熱量,他將難以挺過訓練。

在這裡沒有太多實在的信仰者,有些阿拉伯人飲酒吃肉,有些人信仰上帝卻仍然偷竊行騙,會幫助別人的人很少,尤其在困難關頭,個個都是泥菩薩過江,自顧不暇,患難見真情的場景少之又少。

如果那是夢想，再苦也要去

中間站立同袍手裡的綠色袋子中便是我們一餐的軍糧，包含一小份沙拉、一份薯片、一份肉醬、一小塊糕點和一瓶水。看似很多，但我就算吃兩份也不會飽。

懲罰式行軍，
直到有人倒下為止

　　某天，下士們突然衝到屋內，拿著湯匙敲打水壺，乒乒乓乓作響，大喊要所有人出去，我們一頭霧水，沒人知道到底發生什麼事。

　　外頭下著小雨，我們親愛的南非同伴站在排長旁，所有士官也在場，每個長官一臉嚴肅，而我們仍不知道發生何事。傘兵中士提姆褚率先發言：「服役十多年來，第一次遇到這種事，如果你們有誰想去上廁所，可以提報，基本我們都會讓你們去。但是剛才你們這位同袍，做了件難以想像的事。小便得在廁所，連我祖母都知道。我不知道你們是來自什麼落後國家，竟然敢在法國國旗下面小便？在場所有人都尊重國旗，我的很多同伴為了這面旗犧牲，為了法國犧牲，然後你們這群新兵膽敢褻瀆！」話才剛說完，另一下士長便狠狠往「肇事者」的腹部搥上幾拳，看起來

　　　　　　　　　　　如果那是夢想，再苦也要去

很痛，但我們並不同情他。

排長沒有直接斥責我們，但是他對著士官們說：「你們看著辦吧。」這時候不管我們再怎麼笨，也知道我們完蛋了。

所有人一聲令下全趴到地板上，看著肇事的南非同伴，邊伏地挺身邊大喊：「謝謝，南非人。」他看起來就像受了天大委屈的小媳婦，不發一語，因為這時候不管他怎麼做都沒辦法彌補過錯。犯錯就得付出代價，而且是所有人一起付出代價。他如此一尿，給了士官們一個絕佳機會來整頓我們，他們絕對不會手下留情。

體能懲罰是最輕鬆的，我內心真的希望能夠折磨到我身體極限，但是所有人都知道絕對不僅僅於此。

新生士兵的房間都在二樓，總共有三個房間，每個房間都排列十多張折疊床，床前擺列好衣服的小櫃子和我們所有的行李。下士把第二個房間的人叫出列，接著去樓上將第一個房間裡頭的所有東西丟出窗外，軍隊衣服、衛生用品，包括床，所有的一切。再讓第三個房間的人丟第二個房間的東西，以此類推。沒多久，窗外便是一片慘狀，刮鬍泡如同手雷爆炸，沐浴乳混合在衣服堆裡，我們每個人都有十多套冬夏軍服、典禮用的軍常服、兩套戶外訓練的防雨服、睡袋等等東西，無一倖免，全部被扔得亂七八糟。

接著好不容易，他們不想再以伏地挺身折磨我們，給我們兩分鐘找回自己的所有行李。然而這根本是不可能的任務，先不說很多東西被砸壞了，所有衣服全都混在一起，還有些沾上軍用迷彩膏或是刮鬍泡、沐浴乳，連找到自己的軍服都是不可能的事情，

更何況牙刷？

　　每個人只能儘量打包一份行李，在命令中整理行軍包，把東西全部都帶上，穿上戰術背心，背起沉重的行軍包出發強行軍。

　　士官們都輕裝上陣，大吼著前進。那天雖說是「行軍」，事實上卻是半跑半行，絕大多數時間都是背著包拚命跑，在荒郊野外沒有人想要脫隊，即使筋疲力盡也只能努力跟上前面的腳步。大多數人都在心裡臭罵那個南非人，隨著腳步越來越沉重，圍毆他的念頭更是油然而生。士官說我們這趟行軍將結束在有人倒下的那一刻，否則他們不會善罷干休。

　　由於出發時沒有太多時間做好準備，很多人連水都來不及帶，我也只有一瓶水壺的水，幾個小時後很快就見底了，考驗才真正開始。沒有吃的東西還不那麼嚴重，沒有水才是真的危險。

　　時間過得很慢，可是夜晚終究降臨，無盡的黑暗逐漸籠罩大地，微弱的星辰月光是少數的光源。我們不被允許使用手電筒及頭燈，在山野樹林中，沒有人清楚我們身在何處，更不知道漫漫長路的盡頭何時到達。黑壓壓的森林，再加上夜霧瀰漫，低頭得注意樹根張牙，抬頭得小心樹枝舞爪。

　　俄羅斯蛇眼下士時不時來踹一下我的背包，惡狠狠地瞪我，要我走路時抬高膝蓋，不要摩擦地面發出聲音，因為在晚上行軍，不被發現、隱蔽性是第一要務。

　　中途五分鐘休息的時候，大家累得直接躺在地上，我一躺下就進入了深層睡眠。如果休息時間可以長一點就好了，五分鐘彷彿曇花般美好而短暫，而現實竟是如此悲慘。

　　最終我們走了一天一夜，懲罰性的行軍終止在戲劇性的一

　　　　　　　　　　　如果那是夢想，再苦也要去

刻——只見肇事的南非同伴倒在地上，長官不讓其他人靠近。他身上已經披上了求生毯，金色那面朝外——避免他失溫，救護車在半小時後來到我們附近，將他送醫急救。

處罰，未完待續

次日清晨，天微微亮，經過一晚操練之後，再看著太陽緩緩從地平線升起，有種劫後餘生的情緒。

南非同伴被送醫後，讓我體會到在這裡並沒有所謂「真朋友」，昨天罵他最大聲的反而是那群常和他混在一起、說英語的人。什麼同袍情誼？哪怕是再好的朋友都可能在沒人道的連坐懲罰下決裂，發生這種事只會讓原本就不深厚的交情更加淡薄。

為了繼續處罰我們，下士下令新兵不得睡在室內，晚上訓練完之後，長官會隨意指個方向，可能是遠方一、兩公里處的樹林或是山頭，指到哪裡就讓我們在那過夜，不想再看到我們。

每天有不同士官們帶隊，基本上見到法國排長的時候也不多。後來他早上找不到我們，特地問了下士長我們去了哪裡。「他們跟另外一個下士一起訓練啊！」下士長通常這樣說。

許多年之後，在退伍前夕，又遇見了當時帶我們的下士長時

我才得知，原來當時法國排長並不知道我們晚上去了哪。

　　如果排長又細問在哪裡訓練，下士長會隨口胡謅個地點。可是事實上，我們已經在外頭行軍一整晚，而且沒有進食，等到早上繼續上戰術課。入夜後，再背著二十公斤重的行軍包，跟著下士指令行動，從晚上訓練到早晨，日復一日。

　　如果是真的放任我們不管，任憑我們自行睡在野外倒也不是壞事。但是這僅僅存在於美好的幻想。

　　事實上，露宿野外時仍須三人一組，每組分到不同的角落休息，與其他組別保持一定距離。三個人輪流站哨，站哨者必須保持警戒狀態，觀察著一個固定方向，如果有人來就說暗號。當然我們也沒有手錶，更沒有手機等等的計時工具，只能大約依照自己良心放哨，累了就把下一個人叫醒。

　　夜間不允許用燈，也不允許生火，不允許脫衣服鞋子，並得保持絕對的隱蔽。我們雖然有睡袋，但是也不能進到睡袋裡睡覺，最多只能把睡袋披在身上，找個隱蔽且稍微平整的地方休息。

　　保持不睡原本不是難事，但是在經歷一整天訓練之後，就變得不那麼容易。整夜的戒備過程中，精神不能夠鬆懈，得保持清醒，在晚上站哨時打瞌睡是最嚴重的錯誤，因為所有人把生命交付在我手中，如果怠乎職守，而讓敵人有機會潛入，自己犧牲就算了，所有戰友也可能送命。

　　晚上偶有突擊檢查，下士們通常喜歡半夜兩、三點悄悄潛入，因為那是人類深層睡眠的時候，精神最放鬆，一被檢查到沒能在某人靠近時迅速說出暗號，那麼整個小隊都得受罰。有次輪到我睡覺，然後下士來了，明明我沒有犯錯，而是站哨者犯了錯，可

是我卻被踢了一腳，那一腳不巧踢在我胸前的 FAMAS 步槍上，更惹得下士長震怒，以為我故意用槍去擋，直接又給了我一槍托，痛得我眼前一暗。不過我還算好，另外一組人，就是我那位俄羅斯室友，他的肋骨直接被一腳軍靴踹斷了，當場送醫，事後還得在醫務所說是自己不小心跌倒。

外籍兵團的體罰很出名，在這裡長官是神，輕易就能讓人生不如死。被打只是小事，我們都很耐打；最痛苦的是不讓人睡覺。

經典的處罰方式是讓人大半夜去挖單兵戰壕，大功告成之後再把人埋進去，只露出一顆頭，這樣讓人在土裡待上一晚上、幾個小時，給人足夠的時間「反省」自己。有次我甚至戴著防毒面具挖戰壕直到日出，那鬼東西讓我根本沒有辦法順利呼吸，感覺自己就像被迫挖礦的犯人。

有時懲罰是讓人去找些如同腦袋一樣大的石頭堆金字塔，每一顆石頭都得放好，調整好角度，如果底下的基石沒有打好，金字塔可能在最後一刻崩塌。而且就算真的做到長官的要求，他也會找盡理由讓人繼續——加建金字塔、加大、加寬、加高，無一不可，反正就是不讓人休息。

　　　　　　　　　　如果那是夢想，再苦也要去

人生
第一個卡梅隆日

　　法國外籍兵團富有傳奇色彩的歷史開始於一八六三年四月三十日的墨西哥戰役。當日，一支由六十二名士兵和三名軍官組成的步兵巡邏小隊在丹茹（Danjou）上尉的帶領下巡邏，受到了將近三個營的墨西哥步兵和騎兵（人數約在八百人至一千二百人之間）的進攻，並被圍困在卡梅隆莊。巡邏隊在莊園中抵抗墨西哥軍隊的進攻，雖然面臨著絕望的處境，但是他們依然頑強地戰鬥，貫徹了戰到最後一人的戰鬥意志。

　　丹茹上尉在莊園的防守作戰中受了致命傷，他剩餘的部眾最後與墨西哥軍隊展開了刺刀白刃格鬥。在墨西哥的最後一波進攻下，剩下的五名士兵又有三人倒下。墨西哥要求最後二個士兵投降，他們則反過來要求墨西哥軍隊必須保證他們能舉著自己的軍旗，護送丹茹上尉的遺體平安返回駐地。面對這樣的情況，墨西

哥的指揮官慨嘆道：「他們不是人類，是魔鬼。」基於尊敬同意了他們的條件。

「La vie, plutôt que le courage, abandonna ces soldats français le 30 avril 1863.」直譯過來就是：「慷慨戰死，勇氣未失，於一八六三年四月三十日。」為了紀念這起戰役，四月三十日成為外籍兵團最盛大的節日「卡梅隆日」。

為了這一天盛典，所有外籍兵團沒在任務中的軍人都必須參與，同時兵營開放親屬外賓進入參觀，場面好不盛大，有各式攤販販售紀念品及食物，都是部隊能拿得出手、最有特色的東西：西班牙海鮮飯、美國漢堡、墨西哥捲餅、法國可麗餅等等。還有為孩童而設的體驗項目：小型斯巴達障礙跑、打靶，價格低廉，基本上僅需付子彈費用就能過過乾癮，當個一日小軍人。

而我們每一個人，必須把軍禮服熨得平整、無一皺摺，還得燙出十三條直線，分別是胸前的六條直線，間距三點五公分；手臂兩旁分別兩條線，及背後三條線，間距五點三公分，精準至毫米。燙衣服是我當兵期間學會的一大技能，即使是早有經驗的人，也往往難以適應外籍兵團嚴格的燙衣標準。

兵團開放外賓這天，我們在典禮中身著閱兵禮服，一動也不動，聽著每一聲敬禮指令，直到典禮結束才能放鬆，開始兩人一組的自由活動時間。我跟唐一組，先去買了一大盒炸得酥脆的吉拿棒配熱巧克力醬，再去喝幾杯生啤酒，大快朵頤吃著披薩。

喝啤酒時又碰到了上次遇到的台灣人，原來他曾在海龍蛙兵服役，還是台灣國手兼海龍的教官，海龍有拳、腿、摔三大教官，他負責摔技和地板技。他說：「這裡能夠學到許多國軍學不到的

如果那是夢想，再苦也要去

東西！像是很多戰術專長訓練，還有步槍、手槍交換射擊，這些連海龍都沒有，只有以前我跟涼山特勤隊一起受訓時才看過，但是在這裡，新訓就有了。」在異鄉碰上說中文的同鄉，無論是什麼話題，都能聊得津津有味。

農場訓練終告結束

　　正式成為外籍兵團的一員，得經歷第一個月的新兵戶外訓練，最後成功走完約六十公里的強度行軍——又稱為白色高頂軍帽行軍（Marche Képi Blanc）。唯有挺過這場強行軍，才有資格戴上象徵外籍兵團的白色高頂軍帽。

　　出發之前，長官再三要求我們檢查行李，誰要是少了任何東西，所有人就得做伏地挺身，然後邊做伏地挺身邊大喊謝謝及犯錯者的名字，直到他找到這項物品放進包裡為止。

　　為了確保每個人都有確實帶到所需物品，也確保我們的背包「夠沉重」，長官點名幾個人，去農場旁邊挖了一些沙土，用大瓶塑膠瓶裝滿，發給那些少了東西的人。一百公升的軍包被塞到滿得不行，實在很重，至少超過二十公斤。

　　所有人分兩隊走，行軍將持續兩天時間，是目前為止我們負重最重、距離最長的行軍，可是我們都很興奮，因為農場生活終

　　　　　　　　　　如果那是夢想，再苦也要去

感到疲累、痛苦，那是因為我們仍然活著。

於要告一段落。當下痛苦異常，但或許有一天我會懷念這與世隔絕的日子。

長途行軍最考驗意志，很難敘述出當下的感覺，真的是苦不堪言，明知道終會到達，但是漫長過程中還是會懷疑人生好幾次。

我是誰？

我在這裡幹嘛？

為什麼我要背這麼重的背包？

我的家人、朋友們現在還好嗎？

沒有我的生活，他們還習慣嗎？

第一天上午沒做任何休息，直接就走到了中午，中途連長官停下小解的時間，我們都不能坐下。肩膀越來越感覺到撕裂般的難受，脖子也被槍背帶勒著，我們不能把槍背到兩側，必須在行軍時也保持警戒姿勢，隨時可以應變所有方位出現的情況。我們的精神不在沿途風光，行軍的速度很快，只能咬牙跟上前面的人，但是總有些人不斷掉隊，害得後面拖了一段距離，所有人都得小跑步。

大約在下午，一位法國人終於撐不下去了，當時我們都覺得長官對法國人特別寬容，在他哭著說真的走不下去之後，長官讓我們輪流背著他的包，而他則空裝行軍。

一個包已經讓人飽受折磨，背上兩個包，後背一個，前胸貼著一個，還得跟上行軍步伐，一下子就讓人筋疲力竭。雖說法國外籍兵團基本上都是外國人，但是也有少數法國人，說要報效自己國家，特地參加以嚴格精銳出名的外籍兵團。初衷是挺好的，

　　　　　　　如果那是夢想，再苦也要去

但是平日養尊處優的法國紳士，幾乎都會後悔。

　　好不容易走到了第一天的集合地點，第二隊已經到達一段時間了，他們之中也有兩名傷員，都已經不良於行，走路姿勢都變了，可是依然背著自己的包。

　　第二天那兩位傷員因為腳傷退出，但是我們這組的法國人仍想要繼續。好吧，受傷身退能敬你是條漢子，但是因為疲累走不下去，加重隊友負擔，就有點讓人不爽了。

　　雖然能感覺到他並不想放棄，但他還是在第二天早晨，在山徑小路倒下失去意識。下士留在他身邊，撥打了求救電話，而我們其他人則隱身到樹叢之中，好不容易能坐下來。

　　救護車半小時之後趕到，把他救上車，而其他人繼續我們未完成的路程。因為拖延了一些時間，所以帶頭的傘兵下士，直接帶我們跑步趕路。

　　終於結束後，新訓隊伍少了六個人，他們都在白色高頂軍帽行軍中受傷，剩下的人則準備參與授章儀式，終於能夠戴上兵團第四團的專屬徽章。

　　於小村莊裡的二戰紀念碑前，石碑最下頭寫著：致那些為法國犧牲的人（Mort pour la France）。我們將在將軍及各級長官，還有政府官員面前，戴上白色高頂軍帽，同時宣示「Legio Patria Nostra」——這句源自拉丁語的誓言，代表著「兵團即祖國」，所有人動作整齊一致，同時戴上白色高頂軍帽，接下來大聲宣示，把早已熟稔於心的榮譽信條，喊得鏗鏘有力。

　　　　　　　　　　　如果那是夢想，再苦也要去

▌法國外籍兵團團章。

▌左頁上｜戴上白色高頂軍帽（右五為本書作者）。
▌左頁下｜這張照片令我印象深刻，授勳儀式得聽完上校的宣誓演講，之後
還得依照慣例唱歌、喝紅酒……，美食當前卻不能立即品嘗，我餓得連桌
子都想吃了。

榮譽信條

一、兵團成員，你是一位以榮譽與忠誠來效命法國的志願者。

二、每位兵團成員都是你的同袍，不論國籍、種族及教義。你將永遠展現出如一家人般的緊密團結。

三、尊重傳統，敬愛長官。紀律和友誼是力量，勇氣和忠誠是美德。

四、以身為兵團成員為榮。你的穿著，優美雅致；你的言行，雖謙猶尊；你的居室，永保整潔。

五、精英戰士，你必須嚴格地自我鍛練；保養武器如同你最珍貴的資產；永遠保持身體在最佳狀況。

六、任務是神聖的，你必須執行到底。而且，在行動中，如果必要的話，付出你的生命。

七、戰鬥時，行為不受激情及怨恨左右。尊重戰敗的敵人。不論是死去的同伴、受傷的同伴、以及所有的裝備，你決不棄之不顧。

（來源為小吳網站：http://www.ffl.info）

如果那是夢想，再苦也要去

庇里牛斯的
旅程

　　結束農場訓練後，法國排長告訴我們要去度假一週，目的地是著名的滑雪勝地：庇里牛斯山，外籍兵團特為新兵而設置的山地訓練中心。同梯法國戰友貝連沒有跟我們一起，因為軍部發現在他報名參軍時提供的資料中，隱瞞了他有過犯罪記錄的事實。所以我們去山中度假時，他待在營地關禁閉。然而這事並不影響他的灑脫性格，在我們離開前，他還是副叛逆公子哥的模樣，畢竟都在外頭坐過牢了，關個禁閉也不算什麼吧！

　　三十多名新兵懷抱著難得的好心情上路了，軍隊巴士直接載往山上的基地，大約三、四個小時到達目的地。難得可以好好坐下休息，多數人都直接睡著了，打呼聲震耳欲聾，偶爾睡醒看著窗外惆悵半刻，又再度睡去。

　　雖然是滑雪勝地，可是來時季節不對，當時正是六月夏天，

山頂仍有些殘雪，但也僅此而已。士官們竊竊私語，因為此地靠近西班牙與法國的邊界，在那附近有著名的窯子（成人娛樂中心），正在計畫著晚上偷偷租車前往，早上再趕回。他們也告訴我們這群新兵，這是逃兵的好時機，若是誰想要走，翻過幾座山就到西班牙，他們不會去找。不過看在同袍情誼分上，最好在逃兵之前留下書信或是口信，不然同袍得為你翻山越嶺，到處去找你。

夏季的滑雪小鎮並沒有太多遊客，巴士直接開進了部隊所屬的度假山莊，首先由士官們安排好房間。值得一提的是，新兵房間並沒有一一搭配士官，如此一來，兵與兵，官與官，各自都可以稍微放鬆神經。

終於大家都可以做自己想做的事，穆斯林同袍開心極了，興奮地拿出墊子直接跪地，還以為他要做瑜珈呢！原來是要朝向聖地麥加朝拜；而大部分的人就這樣臥床到晚餐時間。這裡負責伙食的是位中國士官，部隊裡的餐廳負責人多數都是亞洲面孔，可能是因為餐廳較為輕鬆吧。

晚餐之後，所有人去山莊裡的小俱樂部，這裡的東西大部分都極為便宜，巧克力更是原價出售，一條不到一歐元，我們可以正大光明的在口袋裡裝滿巧克力，不會像在新訓營的時候，有人偷買巧克力而害所有人被體罰。

隔天清晨還是六點起床，依照命令，今天我們要去地洞探險。我們行軍前往地洞探險區，包裡只帶了一套換洗衣物、軍糧及水，此外沒有其他東西，第一次輕裝上陣。行軍過了一會，偶爾仍有閒心看看風景，眾人魚貫穿過峽谷，遠眺瀑布，不禁感嘆，大自然真是最好的藝術家。

如果那是夢想，再苦也要去

穿上軍服，是另一種看這個世界的方式。

世上最快樂的事，就是奔走在夢想路上

探險由一名平民教練帶領，看起來應該是位退役軍人，雖然頭髮半白，仍有著那種不被抹滅的氣質。進去地洞探險，得換上教練提供的防護衣，在防護衣裡仍穿著訓練軍服，還有防水靴、護膝、護肘、安全帽、手套、頭燈、安全扣環、繩索等等，算是變相的全副武裝了。我們依序排成一列，必須與前面的人維持好目視可見的距離，不然洞穴內很容易丟失。

　　在人造的小屋後頭，就是洞穴的入口，竟然別有洞天，誰也想不到會存在著這副情景，剛走進去就讓人讚嘆不已。棕色的石灰岩洞到處可見石筍、石柱，還有岩壁上的奇妙紋理，時而光滑柔順，時而崎嶇猙獰，歷經上萬年歲月雨水和地底河流沖刷，這就是鐘乳石形成的奇妙景色。

　　每個人頭上都開著紅色的燈，這種紅光照到眼睛也無妨，不會產生白色光照射的痛楚，但是光線微弱，也比較看不清楚。

　　漸漸進入地下，有種很奇妙的感覺，洞穴通道一開始還算寬敞，後面就越來越狹窄、越來越難前進了，有些地方的積水已經淹到我的肩膀，儘管穿著防水靴，襪子還是全濕了。有些地方必須要四肢並用前進，甚至爬行來穿越兩片岩壁間的狹小縫隙，好幾次我的安全帽都撞到了石頭。

　　最後一段路，我們已經離出口很近了，等所有人到齊之後，教練讓我們看著前方幾十米的拐彎處，以那裡為目標點，接著熄燈摸黑前進，等五分鐘之後再開燈，看看有多少人能順利到達。原本以為應該不是難事，但是熄燈之後，黑暗瞬間吞噬了我們，伸手不見五指，只能小心翼翼在洞穴前進，時不時碰到身旁的人或是碰到岩壁，腳下地下河流的水聲與心跳的聲音，在狹小的洞

　　　　　　　　　如果那是夢想，再苦也要去

穴裡反覆迴盪。五分鐘過得十分漫長。

最後開燈的時候，才發覺我們根本前進不超過十米！當我們失去視覺，這個世界都陌生了起來，只能一點一點小心翼翼、緩緩摸索前進，當下那種毛骨悚然的寂靜，足以把人逼瘋。

回去之後，晚上再次集合所有人，排長安排大家看電影，這禮拜每天晚上都會在教室播放電影，想看可以待著，不想看的人也可以回房，也可在附設的俱樂部飲酒，只要遵守不離開基地的基本原則。

在軍隊裡，常人眼裡一些微不足道、稀鬆平常的小事都能讓人感動，晚上能有一口熱飯、安穩地觀賞一部電影、啜飲一瓶冰涼啤酒，這些時刻更讓我心存感激，並希望世界另一頭愛我、等待我的人仍然安好。

山林冒險

　　探險洞穴完隔天，原先抱著的旅遊心情碎了大半，因為早晨得跑武裝 CO（Course d'orientation），用中文來說就是「找點」，是一種長距離越野路跑，隨機兩兩分組，兩個人分得一張地圖、指南針和題目紙，任務是找到地圖上所有的座標點，並且記錄下座標點寫著的訊息，可能是數字或是羅馬字母。

　　這是一場競賽，成績墊底的組別晚上得負責準備烤肉，並支付大夥的啤酒錢。

　　每個人領取一袋軍糧罐頭，每五分鐘出發一組，每一組從不同的座標開始找起，找到座標位置之後折返回基地，由負責下士記

　　　　　　　　如果那是夢想，再苦也要去

世上最快樂的事，就是奔走在夢想路上

錄，然後再給下一個目標座標。

　　每個座標遠近不一，近一點的兩公里左右，也有的快接近十公里路程。上級發給我們的地圖是三十年前的老地圖，有些路段已經改變，有些森林已經不存在了，也有新建的住宅區、新的道路等等，但是有些東西是比較不會改變的，首先是地形，一座山在三十年內還是會在，主要道路也不會有太大偏差，湖泊河流則得依季節做判斷。

　　「別想要偷懶，我們隨時有人騎車出去查點，若是誰偷懶，誰單獨行動被抓到，就準備好去睡廁所。而且小心山上的人，法國山上的人可比你們高大強壯多了，如果誰被抓走軟禁，部隊也救不了你。」

　　與我同組的是西班牙人魯嘉，他是厲害的跑步好手，而我剛好特別擅長看地圖辨認方位，我們的組合應該可以有不錯的成績。我邊小跑步邊研究地圖，第一個座標不是太難找，座標點的提示是一棵獨立的樹，我們大致找對方向，不過路邊有非常多的樹，雖然知道已經離座標不遠了，但是仍需要好好觀察。

　　目標物很快就讓我們找到了，木製的板子正好藏在樹幹後面，寫著大大的 M 字。第一個座標這裡還挺空曠，沒有太顯著的地形特徵，只能用最簡單的方式算腳步來測量距離。首先找出地圖上一個確定的位置，假設為上一個十字路口，從那開始用比例尺計算與目標的距離，換算接下來應該跑幾步，跑完之後就大約在附近了，雖不中亦不遠矣。

　　很快幾個小時過去了，我也跑得快要虛脫，如同跑一場沒有盡頭的馬拉松，不斷有新的目標，而且找到之後還得回去覆命，

　　　　　　　　　　　　　如果那是夢想，再苦也要去

大大減少了作弊的可能，若是一組負責一個地方，我們馬上找完全部的點，之後躲起來休息也不是不可能。任務中路過幾次雜貨店，雖然很想進去光顧一下，但是礙於下士班長的淫威，我們還是沒膽進去，中午就草草地窩在路旁吃了個罐頭，腦袋裡卻一直想，此時如果能夠吃個冰淇淋，應該會是人間一大樂事。

在第九個座標那裡，卡了好幾組人馬，題目紙的提示是地洞，但是大家都沒有找到，此地遍布灌木叢，植被常常帶著鉤刺，輕易地把手臂劃出條條血痕，到這個時候已經沒有人跑步了，而是慢下腳步謹慎查找每一寸土地，不放過任何可能。我們做了地毯式搜索，仍沒有任何斬獲，有人猜測可能是地圖太古老，所以與實際情況有所出入；也有人懷疑是不是第一組找到之後，把座標破壞了？「找到了！找到了！」其中一個小組找到了。那目標點離我們並不遠，但是因為被灌木叢擋住了，所以特別隱蔽。

當我們找到第十三個座標時，已經接近黃昏，代表我們已經跑了八、九個小時，找點任務也終於接近尾聲。最後我們這組拿到第三名，晚上就等著吃晚餐了。

雖說是「度假」，但接下來的幾天，每天都有高強度運動，甚至是許多人一輩子都不會做的事。騎自行車從遍布小石頭的山頂直直衝下，排長一馬當先，我們也只能硬著頭皮跟著，手臂震得都麻了，屁股也像受了五十大板。問題已經不是如何踩動踏板，也不在於如何避開石頭，只能緩緩地握著煞車，但是不能急煞，不然隨時都會翻覆。這條石頭路，如同跌跌撞撞這一條當兵路，我們看到的只有荒蕪。

我們還去了趟樹頂冒險公園，公園裡設置了許多不同難度的

冒險路線，全都在樹上，有些離地三、四層樓高，必須穿上套緊鼠蹊部的安全腰帶，腰帶中間有個孔洞，穿過戶外用的安全繩，綁個雙重八字結，在繩子兩頭分別再綁好兩個安全扣環。在樹上進行項目時，不管任何時候，身上必須有一個扣環扣在樹上的安全纜繩，否則有生命危險。

　　我先從中等難度開始，走在我前面的是傘兵下士侯韋。有幾個項目非常困難，挑戰人在高地的平衡感，有爬鋼索、旋轉的圓木板、高空橋梁、泰山鞦韆、爬繩、滑索道等各式各樣的障礙環節。當我在通道上小心翼翼前進時，侯韋卻走得飛快，一下子就通過，看到他走得那麼快，我還以為很簡單，踩上的時候，心裡卻是「媽啊！！！！！」

　　幾趟下來，身體很疲憊內心卻充實。然後，我們行軍到了一個水庫邊，中士讓我們集合。「我知道大家都很熱，現在，解散。」每個人瘋狂吼叫衝進水裡，游了沒有太遠，我的腳變得無比沉重，因為當時穿著制式的法國黑色軍靴，每隻軍靴一公斤重，一進水變得更加沉重，將我的身體往下拖，我感覺不對勁趕緊拚命往岸上游，幸好離岸邊還不算遠。身體往下沉的那瞬間，差點以為我就要客死異鄉了。

　　在冒險公園還有許多法國家庭帶著小孩來參加，法國人重視讓孩子參加一些戶外活動，像是滑雪、騎馬，還有這種高難度的冒險項目。反觀台灣，孩子基本上都是溫室裡的花朵，被家長好好保護在家裡，少有與大自然接觸的機會；孩子只要好好讀書，彷彿只需要讀書就能滿足所有生活需求，大部分家長都不喜歡小孩子在外面玩得髒兮兮的回家，可殊不知那才是成長的過程。適

　　　　　　如果那是夢想，再苦也要去

▌山訓騎腳踏車時，上坡或渡河只能扛著腳踏車走。

當讓他們去嘗試各項活動，給予實地鍛鍊的機會，畢竟課本中所學的知識，也得從現實生活中反覆印證，大自然才是成長的溫床。

　　在一週假期結束後，我們之中有十六個人去軍診所掛了病號，只剩下十三個人還沒受傷，或是還在忍耐著。我很慶幸在十三個人之中。

　　　　　　　　　　　　　如果那是夢想，再苦也要去

短暫自由

在新訓期間，我們大約一個月有一次外出的機會，每次三到五個小時，必須三個人以上一組。外出前是不可能睡覺的，下士會輪流每兩小時檢查一遍外出軍常服，並不讓我們進去房間，只能戴著頭燈，在走廊或是在浴室裡搬張熨衣板燙衣服，得把外出的軍服燙得完美、整潔無暇沒有一點缺陷才能外出。

不過也因為這事，讓我賺了不少歐元，當時我幫戰友燙一件衣服收五十歐元，說真的我還不太想賺這錢，燙衣服多耗精神啊！小心翼翼捏著一條線，再用熨斗直線燙過不允許任何失誤，一點也不好賺啊！在服役兩個月後，燙衣服這項技能被我練得是爐火純青，俄羅斯蛇眼下士檢查衣服時還因而皺眉，因為找不出任何瑕疵，甚至找了其他下士來看我那件完美的襯衫。

外出的範圍侷限於新訓團附近的卡斯泰爾諾達里小鎮，這是外籍兵團的士兵們第一個熟悉的城市，軍人占了十分之一的人口

組成。每個外國人想到法國時，第一個映入腦中的總是巴黎，然而，卡斯泰爾諾達里這座美麗的小城，在我心裡比巴黎更能代表真實的法國風情，在晨跑時路過的運河田野、街道轉角的披薩香味、少女眼角含笑的溫柔，我至今難忘。這座小城到處洋溢著熱情的氣氛，就算不諳法語，她仍溫柔接受所有異鄉人，僅需微笑以待，她當回報以熱情。

　　　　　　　　　　　如果那是夢想，再苦也要去

一百二十公里
行軍考驗

堅持下去其實沒有想像中困難，有時候我們缺乏的是出發的勇氣。所謂的特種部隊，說穿了就是勇敢的普通人加上一點訓練。

所有外籍兵團的人在即將結束新訓前，得接受長達一百二十公里的行軍考驗，為期三天兩夜。清晨天色微亮，從庇里牛斯山脈某處開始，這將是最殘酷的考驗，如果度過，即獲新生，夢想的生活就在不遠處。

　　大約下午四點，我們到了預計紮營的地點，樹叢間沒有任何出奇之處，撥開擋路的枝幹進去其中，後方卻是一片平坦的林地，應該早有其他隊伍來過。今天到此算是可以休息了，儘管仍須站夜哨，但是我們人多，每個人只需要犧牲一小時睡眠。

　　第二天一早六點，哨兵喚醒所有人，一夜好眠之後，整個人都煥然一新，也只有在如此疲勞下，才能有如此美好的體驗。相比前一天路線的山明水秀，今天我們行走於窮山惡水之間，遍地荒蕪滿是黃土石塊的山坡時而高起，時而劇降。若說我們是土石間奮力掙扎的螻蟻也不為過，萬千生靈中我的身體甚至不如一匹馬來得強壯，更不如駱駝般的堅毅持久，甚至不如山林的一隻小野豬活得自在。背上的重量使我頸背疼痛，汗水已經浸濕了衣物，而我對於這一切像是毫無知覺。有時想一想天，有時想一想地，有時還會想一想遠方的親友，都能讓我稍微忘卻這痛苦，讓我持續前行。

　　第二天在一處隱蔽的山坡深處露營，往下方走十米就有河流，滿山遍野的野生栗子樹，地上到處可見栗子，這也讓我得到了一個教訓：拖鞋絕對是行軍必備品。當時已經露營紮寨，我脫下靴子赤腳而行，打算去河裡弄些水，走到一半我就後悔了，栗子殼上的尖刺猶如釘子，刺入腳底每一處嫩肉。起初我不以為意，因為極度疲勞，身體感覺還有些遲鈍，但是後來疼痛實在鑽心，痛

　　　　　　　　如果那是夢想，再苦也要去

得我是彎腰屈膝，差點連滾帶爬回到營地。

　　行軍到了最後一天，指定三個人負責背無線電台，分別是朗、羅馬尼亞的巴斯古和我，電台重達十公斤，每個人避之唯恐不及，但是我自願第一個背，在那一天我都沒有多吭一聲，更沒有要求換人，下午快結束時，中士問我：「為什麼你們一直沒換人？」我回答：「我仍可以背。」其實最後關頭我也很痛苦，但是我不想將重量加給戰友，朗是我在新訓時的好朋友，前段時間他的腳已經受過傷了，我自覺該替他分擔一些，畢竟我還年輕；而且我接過電台時，也把睡袋交給巴斯古保管，不然我的野戰背包拉鍊根本拉不上，算是稍微輕鬆了一點。

　　行軍結束，我們終於到達目的地的碉堡，我們在碉堡外的樹林紮營，那裡就是最終測試的場地。長官們則忙著準備期末測試，測試內容繁多，包括法國歷史、外籍兵團的歷史事件、武器使用及各項數據、無線電台使用；生化戰爭情況下如何運用防護裝備、安裝爆破裝置、點燃導線，還有地圖學常識、體能考驗等等。

山上行軍時，一位加拿大人倒下無法繼續行走，於是我們找了一根結實的樹幹，用網繩和腰帶綁著，把他扛下山。回到營區之後，大家脫下衣服，肩膀全是一片通紅，沒想到始作俑者搖晃起身，說道：「剛剛也太晃了吧，把我晃得很不舒服，你們這些搬運工不合格啊！」

　　　　　　　　　　如果那是夢想，再苦也要去

我的第一志願

從最初募兵總站徵選的幾百人，開始新訓時四十五人，到最後順利結束新訓，我們只剩下二十五人。綜合成績排名，最後考試成績較好的人可以優先選擇下部隊的單位。

第一騎兵團駐紮於卡碧尼昂（Carpiagne），靠近馬賽，是多功能裝甲部隊，擅長機械化作戰，配有重裝坦克及多數裝甲車，相較步兵團來得輕鬆，是較多華人的選擇，主要工作為火力偵查和反坦克行動。

第一工兵團駐紮於洛丹（Laudun），靠近亞維農的小城鎮，專長爆破及排雷，還有一個水陸兩棲單位 DINOPS（Détachement d'Interventation Nautique Opérationnel）。

第二工兵團位於渺無人煙的山中，營區離最近小鎮也有三十公里，專長是山地及雪地作戰。每年至少兩次長期山訓，還有著名的特種山地單位 GCM（Groupement de commandos de montagne）。

第二步兵團駐紮於尼姆（Nimes），就在城市中，離火車站僅需走路數十分鐘。地理位置來說，屬於生活環境最好的。以步兵配合裝甲車為主，狙擊手為輔，擅長全地形作戰，經常被派駐海外。

第二傘兵團駐紮在科西嘉島（Corsica），幾乎是兵團裡最著名的單位，出名的艱苦，保持數種折磨新兵的傳統。原先是收新訓前十名，但是後來新兵都聽說這裡很變態，就沒什麼人敢來了。

第三步兵團位於南美洲的法屬圭亞那，擅長熱帶雨林作戰，平常任務是維護殖民地安全，保護圭亞那的航天太空中心，維護南美領域的戰略意義，打擊毒販和非法掏金。

第十三裝甲半旅，原先駐紮於東非吉布地，後來經過兩次搬遷，曾經駐紮於阿拉伯聯合大公國，現在駐紮在法國南法的小山區，名為拉卡瓦勒里耶（La Cavalerie）的小村莊，營區附近有數個射擊區，搬遷前曾是法國射擊訓練基地。

除了第二傘兵團之外，沒有其他海外名額。第十三裝甲半旅當時仍在吉布地，成員多是服役八年以上的精銳，不收新兵。而第三步兵團也不巧沒有名額。

當時我想去傘兵團，除了嚮往冒險之外，高空跳傘訓練也讓我想挑戰自己的極限。我在所有人中排名第七，排在第七順位與高階長官面試，由他決定分發我們到哪一部隊。選擇志願時，我毫不猶豫地說了第二傘兵團。

當我說出第一志願時，面試官笑了一下：「這是好選擇。」並提醒我，我的成績雖然不錯，但是體能得加強，因為傘兵出了名辛苦，到了那裡好自為之。

　　　　　　　如果那是夢想，再苦也要去

很快的其他人被各自部隊的領隊帶回，只剩下我們傘兵志願的人，因為地理位置原因，我們得多留幾天等待坐船。新訓時的排長，在最後一刻過來與我們每一位要啟程前往傘兵團的人，一一握手敬禮。

「你們選擇了條艱難的路，記住是我訓練了你們四個月，你們是最好的。在第二傘兵團，沒有人能獨自撐下去，必須要互相幫助，身邊的同伴是你最堅強的後盾。」

傘兵團來的兩名長官，一位風度翩翩的葡萄牙中士，身高不太高，我們得稱他教官，他將負責教導我們跳傘。另一位俄羅斯下士，負責我們日常訓練，這幾天我們得把傘兵團團歌給學好，每個人抄寫歌詞十次，然後就待在房間不停合唱。下士來了幾次，矯正我們的音調和發音。

我們幾位要去傘兵團的人路經餐廳的時候，士官們紛紛說我們選擇了條不容易的路，但是那才是當兵。

待在總部這幾天，葡萄牙教官問我們：「你們的家人支持你們參加法國外籍兵團嗎？」輪到我的時候，我回答：「我的家人並不支持。」

他一笑置之，眼神轉而犀利無比，狠狠地直盯著我的雙眼：「你的家人現在正以你為榮，因為你們是法國外籍兵團成員，還是其中最精銳的外籍兵團傘兵（Légionnaire parachutiste）。」接著又問：「知道為什麼我們一個月賺兩千歐元，但是其他團才一千多嗎？」

「哦，因為我們跳傘？」其中一名新兵想了一下回答道。

「錯，那是因為我們能做的遠比他們多，所以我們值得更多。」

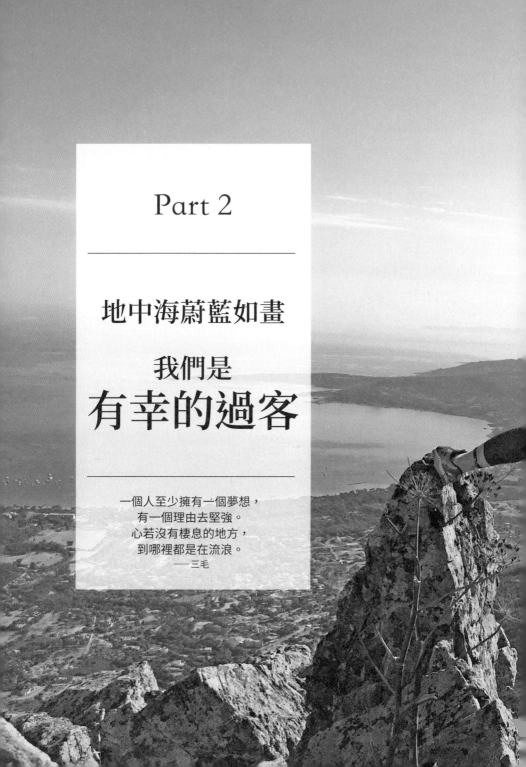

Part 2

地中海蔚藍如畫
我們是
有幸的過客

一個人至少擁有一個夢想，
有一個理由去堅強。
心若沒有棲息的地方，
到哪裡都是在流浪。
——三毛

前往傘兵團

　　在馬賽搭船前，長官們特別給我們兩小時放風時間，除了留下兩個人看管行李。這段時間我們被允許與女生交談，或是做任何想做且合法的事，但是活動範圍僅在港口內。接著他們就離開了，傘兵團派來接我們的人，平常也沒有在法國本土活動的機會，他們也要利用這幾個小時放鬆一下。

　　在部隊待了整整四個月，幾乎慘無人道的生活，如今只要待在外頭吹吹風，都能感覺到自由。港口來來去去的遊客很多，大家都會不自覺地看向我們，我們身著燙得完美的米白色軍襯衫及灰色禮服長褲，頭戴白色高頂軍帽，直挺挺站在港口旁，看起來就像整齊的海軍公子哥。

　　雖然是有限度的自由活動，但是許久沒與外界接觸，一切都是那麼的新鮮，這時候一位亞洲女子經過，無袖背心與長裙恰好襯托出她姣好的身段，即使戴著太陽眼鏡，還是那麼豔光四射。

　　　　　　　　　如果那是夢想，再苦也要去

我的同伴不停要我上前搭訕，他們看著那個女生露出不懷好意的笑容，我頓時覺得尷尬極了，說什麼也沒辦法厚著臉皮去搭訕。

就在輪到我看管行李時，那個女生主動過來跟我說話。「剛才為什麼你們都在看我笑，我臉上有東西嗎？」她用法語說。

我馬上正色說道：「其實我們沒有惡意，就是討論妳是從哪裡來，我猜妳是中國人吧？」

「不是呢！我是葡萄牙人喔。我是個雜誌編輯，現在在法國獨自旅行尋找靈感。」

就這樣開始交談，直到教官與下士回來了，正好看見我在跟她講話，他們都很驚訝。事後中士教官就說，我是他遇過的新兵中最「強大」的，才剛結束新訓出軍營沒多久，就已經「把妹」成功。在他得知那女生是葡萄牙人之後，更是驚訝！到了幾年後，他還是會在喝酒的時候提起這件事：「當年我帶的新兵 Hou 才結束新訓，都還不太會說法語，一行人在港口等坐船的時候，就已經認識了葡萄牙姑娘！」

在輪船上直至下船前，我們都是自由的，七個人分了兩間房間，與我同房的是墨西哥人與巴西人。另外一間房則是三名羅馬尼亞人和一名摩爾多瓦人，他們有著共通語言，都說著羅馬尼亞語。

晚上九點，我們所有人得再集合一次。與上級喝過幾杯啤酒後，按照傳統，我們把外籍兵團第四團的新訓團徽扔進大海，襯衫上暫時沒有了任何徽章，得等到我們真正成為傘兵，才能把空著的位置放上代表特種傘兵的傘徽。

集合解散之後，很久沒見過世面的我們，很快就大解放。我

▎前往傘兵團前夕，我們在法國第二大城市，馬賽港口旁。

從輪船一樓桑拿房，逛到十樓俱樂部，再拿上啤酒，去甲板吹吹自由的風。

　　但是戰友們就厲害多了，隔天清晨八點，輪船靠岸，我們準時集合，羅馬尼亞的幾位戰友明顯一晚沒睡，路過我們的幾名妙齡少女對他們流露出了絲絲情意。看來昨晚在房間裡相談甚歡啊！

　　　　　　　　　　　　如果那是夢想，再苦也要去

新兵跳傘預備

　　寬闊地中海中，傘兵團座落在名為卡爾維的城市，位於科西嘉島西岸。我們初到之時，正是天氣最熱的七月天，這裡有著迷人的天然細沙海灘，風光明媚，盡是好山好水，天堂般的景色，這座島嶼被稱為「美麗之島」（l'île de beauté），她確實名符其實。

　　營區所在是個依山傍水的地方，當車子駛離山脈，逐漸接近卡爾維，我聽見槍砲聲大響，如同歡迎的樂曲。這裡是法國最精銳的部隊，而我們就要成為其中一員。早已明白這裡有許多不成文的傳統，暴力是家常便飯，新兵得忍受非人待遇的訓練，我也已經做好心理準備，在這裡，別想著自己還是正常人。

　　在傘兵單位，所有人必須通過兩週的專業跳傘培訓，由一路帶領我們前來的葡萄牙中士擔任跳傘教練。法軍規定需要至少成功跳傘六次，才有資格擁有傘徽，成為一名合格的特種傘兵。這兩週裡，我們會學到所有必備技能與知識，傘訓期間將跳傘八次，

地中海蔚藍如畫，我們是有幸的過客

包含一次夜間跳傘。

　　車駛進營區，新兵待的建築旁邊就是從飛機跳傘落下的區域。一名皮膚黝黑的亞洲士官來到面前精神講話，他直直看著我們的眼睛，先從一邊開始，緩慢的走到每一個人面前。「你來自哪裡？」他接著會用被詢問者的母語一一問候，與每個人有力的握手完後，說道：「在這裡的第一年會很艱難，第二年開始會有些好轉，再之後會更好。既然你們選擇了參加傘兵，那麼請至少撐過一年。」

　　第一天，我們走了營區一圈，下士向我們大致介紹了主要建築物分布，餐廳、衛生所、彈藥庫和槍房，以及每個戰鬥連隊位置等等。營區並不算太大，某些路段甚至沒有鋪好路面，仍是土黃色沙石路，每次集合去餐廳吃飯時，特意擦得黑亮的軍靴，回來之後又會抹上一層灰，得重新擦一遍鞋油，如果哪次不小心忘記了，穿著髒污的靴子出現在長官面前，全體都會連坐受罰，因此每天至少得擦三次鞋。

　　隔天我們進行保險作業，傘兵的保險費用是部隊裡金額最高的，因為跳傘是高危險項目，常有人摔傷腿、摔傷膝蓋，受傷是家常便飯，一趟跳傘行動下來，如果機師沒有事先評估好落地位置、即時風速，造成十多人受傷都是時有所聞。

　　開始傘訓前，還需要買許多自費的裝備，如傘兵軍徽、帽徽、姓名名條、小刀、多功能工具鉗、軍用背包、水袋和戰術背心，還有清潔用品等等，這些消費會超過四萬台幣。

　　裝備完善之後，新的生活也隨之展開了。原先以為在這裡我們會被瘋狂虐待，畢竟這裡可是傳說中「新兵的夢魘」。但是事

　　　　　　　　如果那是夢想，再苦也要去

實並非如此，葡萄牙中士算是我見過的長官裡，相當友好的一位，另一位俄國下士也還正常，至少沒有特意刁難我們的事情發生，除了每天早晚兩次體能課程讓人有點累，其他時間我們都相處愉快。在這裡我們甚至可以午睡！下士看到我們坐在床上自習，也不會管我們。不像在新訓營時，一整天都不允許坐下，有時候我累得只能靠著衣櫃支撐身體，晚上常常還不能好好睡覺。

晚上行軍時要唱〈法國第二傘兵團團歌〉，歌曲旋律源自於二戰中最赫赫有名，也是公認最為精銳、罪行多至天理難容、罪孽深重的一支軍隊：納粹黨衛軍。此曲別名〈惡魔之歌〉，是德國納粹時期的一首隊伍進行曲，法西斯主義濃厚，歌詞內容主要是歌頌黨衛軍的勇敢，以及對希特勒的絕對忠誠。若是在德國使用原版的〈惡魔之歌〉將會觸犯德國刑法第八十六條第一款，可處三年以下監禁或是罰鍰。

此曲頭兩句便是：「黨衛軍行於敵境，高頌惡魔之曲。」

二戰之後，許多流離失所的德國軍人加入了法國外籍兵團，並帶來大量的德國軍歌、他們的鐵血精神，以及不人道的傳統。除了團歌外，另外一首我們要在傘訓結束前學會的歌，是將在傘訓結訓典禮上走正步唱的歌〈西部森林〉（Westerwald），更是首全德語的軍歌。

在傘兵團，每個同袍都意志高昂，即使每天的課程很多，但是這些都是登上飛機前的必修課。做為傘兵，體能是一切的基礎。這裡的體能要求是所有兵團裡最嚴格的，像是單槓二十個、徒手攀繩連續兩次，不能借助腿的力量、十二分鐘跑三千兩百公尺、武裝背十一公斤的背包在四十分鐘內完成八公里長跑等等。這

▌ 跳傘說不怕是騙人的，但這份職業便是與恐懼為伍。

十四天的傘訓課程很充實，我們從未停止訓練，為的是最後的期末體能考試，還有最重要的——準備跳傘。

　　　　　　　　　　　　如果那是夢想，再苦也要去

菜鳥傘兵
接連三跳

　　傘兵的降落傘與一般跳傘運動大不相同，有著不同的設計原理。傘兵的作用是敵後跳傘快速作戰，在空中逗留的時間等同於敵人的活靶，停留時間越長越是危險，所以必須快速降落，得承受巨大的落地衝擊力，所以並不是每個人都適合跳傘，更別說當傘兵。法軍降落傘上有四個開口，我們說是四扇窗戶，這個設計是為了讓空降部隊更快降落。在這裡簡單說一下，有種說法是《日內瓦公約》規定不得攻擊因墜機跳傘的飛行員，這點是沒錯；但是裡頭也說了，空降部隊並不受其條約保護。

　　簽完保險後才過三天，這時候我才來傘兵團還不到一週時間，但是這天我將永遠記得——人生第一次正式跳傘。

　　在第二外籍傘兵團，第一跳是所謂的「裸跳」，不是說要脫光衣服，而是除了降落傘之外沒有額外的負重，但是別開心得太

早，光降落傘就已經重達二十公斤。第一次跳傘，按照傳統，最年輕和最年長的先跳，分別在飛機的左右兩個艙門。身為最年輕的學員，當時我才滿二十歲不到一個月，這就是我的成年禮。

上飛機前，我們一群新兵在傘兵等待區域排好隊伍，再按照跳傘的順序領降落傘，先拿背上的主傘，再來是腹部的緊急傘，領完降落傘後，跟後方的人報數。之後回到等待區域，等待戴上降落傘的指令：「全員戴頭盔，開始著裝。」

順利穿戴好降落傘裝備之後，等待飛機來的過程無比緩慢，在軍隊做任何事都得提前準備，中午要跳傘，早上八點就已就位。因為身上還有降落傘的重量，長官讓我們就地坐下。傘兵們兩兩背靠背坐下，連成兩列，降落傘頂著降落傘。

我們部隊很重視安全性，總共會有三次檢查，在地面上首先有一次檢查，接著是在上飛機前，然後在飛機上還有一次。不管什麼官階，就算是軍官，就算是跳過幾百次的資深老士官，都會有教官檢查傘具的所有情況。檢查的順序與穿戴時一樣，從頭盔檢查起，他狠狠地把頭盔往上拉，以確保在跳傘過程中，頭盔不會輕易掉落，這不只是為了保護這名傘兵本身，也保護了地面的人，試想如果從三百米高空掉落一個鋼盔，無異於一顆迫擊砲，萬一砸到人，後果不堪設想。

檢查傘具時，教官檢查得更加詳細，不僅僅是用眼睛看，用手觸摸確認無異，甚至還得敲。最後傘兵們做著飛翔的姿勢，兩手打開，讓教官檢查背部，直到教官拍傘示意檢查完成，傘兵才能上飛機。

登上飛機之前，飛機上的空降教官負責清點人數，再來就是

如果那是夢想，再苦也要去

登機檢查，在艙門口前，又把每個人身上的傘具、裝備檢查一次。這裡要提到一點，檢查完上飛機的時候不是直接進去就坐，而是在你踏上艙門時，前面的人會拉你一把，接著你也得拉後面的人一把，因為艙門放下來之後，與地面仍有一段不小的高度差，在人身上帶有裝備袋及前後兩個降落傘時，那一步是很難跨上的。

機艙內部空間不大，兩排側壁式折疊座椅，後背是方格網狀的椅帶。位子非常擁擠，坐下後幾乎是難以動彈的，所以坐下前得先拿好安全帶，如果坐下前沒先拿好安全帶，下一位傘兵緊接而來，坐下了不只摸不到安全帶，也很難起身，還可能拖累登機進度。

在機艙中，起飛前的等待過得很快，這時候我試著讓自己保持平靜，畢竟我坐在離艙門不到三米處，原先我還不太情願每個月付保險費，如今想來保的仍是不夠，畢竟我這條命如果沒了，那也是唯一能給家人的一點心意了。

葡萄牙教官是飛機上的空降教官之一，即使在飛機上仍是不改幽默。「機艙裡非常燥熱，但是外頭非常涼爽，你們已經迫不及待要跳了吧。嘿！Hou，第一次在飛機上，你在害怕嗎？」他看著臉色沉重的我說道。

「不會，長官！」話雖如此，但我內心何止是害怕？都抱著一顆壯士一去不復返的心了。更貼切來說，是既期待又怕受傷害。

他笑得很燦爛說：「其實我也害怕，等下記住這幾天所學，做好應該做的，一切都會沒事。」

當飛機飛到指定高度，空降教官們卸下艙門，地面塔台提供即時風速。

「解開安全帶，自動開傘帶上纜索。」

教官右手握拳，向拳頭吹一口氣，接著比出四根手指，代表即時風速為四公尺每秒。

在海岸上空繞飛一圈，葡萄牙教官向我做了個往前的信號，一手抓住我的傘帶，我同時往前踏出左腳，腳踝順勢一轉，已經到了艙門前，兩手抵著艙門。狂風迎面，飛機飛得不算平穩，我隨時會掉下去，這時候我真的要暈了，勇氣與恐懼奇妙地達到平衡。

從飛機上俯瞰大海與群山，我該如何描寫當下的感動？我在山水間繞行，飛到海面上時甚至能感受到海水的味道；飛到高山時，能感到山地的厚實，而那感覺竟是如此的親近。

為了確認跳傘區位置，抑或是機長想給我這個第一次跳傘的菜鳥來個深刻回憶，我們在科西嘉島上空至少徘徊了三圈，感覺至少過了數十分鐘，就這樣抵著飛機艙門，直到信號燈大響，變成綠色，伴隨三聲「GO！GO！GO！」這時候葡萄牙教官在我背傘重拍了一下。

接收到訊號，我毫不遲疑，動作如同閃電般，直接跳出機艙，地心引力把我直接往下拉，我縮緊肩膀，同時用法語數了三聲「331、332、333」，數完三聲之後降落傘開了。

雖然是第一次跳傘，但我遵守傘訓時所學到的技巧，降落的過程還算順利，離地接近五十米時得做好降落姿勢，膝蓋微微放鬆彎曲，不可繃直，手握在降落傘肩帶上，接近地面時，往風方向拉動降落傘正面把手，理論上如果正確操作這動作，能夠減少三公尺每秒鐘的風速，但是如果拉錯方向，速度則會再疊加六公

　　　　　　　　如果那是夢想，再苦也要去

尺每秒鐘。

落地的瞬間速度非常快，衝擊力比我想像中大多了，什麼護身倒法根本不可能成功，不過風很自然的把我往旁邊吹倒，在屁股落地後，我整個人轉了一圈，躺在地上呻吟了兩秒鐘，只感覺屁股好痛，稍微移動之後發現我的四肢仍可以動，趕緊收拾降落傘，往兩公里外的集結點跑去。

天空密布烏雲，我負重跑往集合點，即使天降微雨，身體卻仍燥熱無比，心臟彷彿妄想離開胸腔，第一次跳傘的感覺實在痛快。

交完降落傘主傘之後，我們保留沒打開的副傘，上卡車迅速前往機場，準備人生第二跳。第二跳有別於第一跳，因為這次我們得帶上裝滿了的野戰背包，而且這次必須開副傘，也就是緊急用傘，為了確保在緊急情況下順利使用副傘，我們必須提前練習，以免狀況來時手忙腳亂。

練習果然有其必要，第二跳在半空時，我的降落傘與墨西哥戰友的傘差點纏上，像這種在空中太靠近對方的時候，不能輕易打開副傘，必須先遠離對方，之後再開副傘。

「別靠過來！」我們兩個朝著對方大喊，可是慢了，對方已經漸漸靠近，這時候我們必須拉著肩帶兩側的把手，先把自己轉到正面面對對方，這樣我們才會慢慢遠離彼此。

　　拉開副傘之後，必須瘋狂的拉動傘繩，讓降落傘快速吃氣張開，當下明顯感覺到下降速度慢了不少，等到離地接近五十米，先看看下方若沒其他人，先把包丟下去。等包落地之後約一秒，換我！蹦！這次是我所有跳傘經驗裡落地經驗最為美好的一次，多虧開了副傘，在兩個降落傘同時打開的情況下，雖然速度還是快，但是衝擊力道明顯下降。

　　落地之後先卸下副傘，再去找自己的野戰背包，先把槍從保護套裡取出來，再把降落傘收好塞進傘包，邊擠出空氣，邊用手拍打，用全身力量擠壓著降落傘，試著把兩邊魔鬼氈好好黏上，讓降落傘至少在行動過程中不會散開。

　　收拾好降落傘，整理好野戰包的繩子之後，先背好背傘，前面扣上副傘，野戰包則甩到頭後方扛著，慣用手拿槍，以便必要時能夠隨時出槍。接著用力衝刺，因為集合最後一名要請喝酒！這時，我邊跑邊想到當初在參軍時，面試的長官曾經問過我：「你想去傘兵，但是你能背著五十公斤跑步嗎？」當時覺得他說笑呢！誰會背著那麼重跑步啊？如今才知道他並不是開玩笑。

　　緊接著第三次跳傘，這次是正常跳傘，除非緊急情況，否則不能開副傘。在降落傘下看這個世界，陽光、海灣、雨後的天空，卡爾維的海灣美極了，即使下降過程飛快，僅能匆匆從空中瞟看一眼，此時的地中海蔚藍如畫，我們是有幸的過客。

　　　　　　　　　如果那是夢想，再苦也要去

墜落黑暗大海的 石子

經歷前三跳之後，第四跳、第五跳也順利結束。

直到第六跳，是挑戰性較高的夜間跳傘。我們與傘降突擊隊（GCP）在同一架飛機，從卡爾維聖凱瑟琳機場起飛，飛機到達四千米高空時，這群帶著各式各樣重裝武器，全副武裝的特種部隊，一個接著一個跳下去；飛機再將我們載至巴斯蒂亞。

我們的跳傘降落區位於巴斯蒂亞郊區，旁邊不到百米就是科西嘉島的博爾戈監獄，裡頭關著許多窮凶惡極的罪犯，畢竟科西嘉島歷代以來就是罪犯的放逐之地，連偉大的拿破崙也曾被放逐至此。曾有傘兵不幸降落於監獄內的先例，那人險些被犯人群起而攻之，對於罪犯來說我們全身是寶，不僅要槍有槍，要刀有刀，甚至還有錢、有菸呢！最後在憲兵的陪同下，那名傘兵才順利走出監獄。

對傘兵來說，第一次的夜間跳傘最讓人緊張，搭機時所有人都一臉緊繃，不知道是誰先開了頭，接著所有人在飛機上歡呼，然後又是一陣長長的靜默，沒有人再有任何聲響。可能大家都在想一些能讓自己勇敢的事、一些美好的事，或者什麼都沒想，只想著先跨出左腳，順勢往飛機外一跳，壓在肩膀上的五十公斤重擔終於徹底地解脫，等降落傘打開，我們就不需要再承受了，降落傘給了我們飛翔的翅膀。

　　艙外一片漆黑，監獄的閃爍燈光是我們夜間的指引，那晚的風速為五公尺每秒，已經是不能跳傘的臨界風速，越是這種情況，越要冷靜沉著。很多跳傘事故都在夜間，因為能見度低，還有夜間風向多變，風向不穩定很容易使兩傘相撞相纏；地面距離也難以評估，著陸時難以避開障礙物，只能在放下野戰背包之後，等聽到背包的落地聲，才知道我們即將落地。落地之後快速取槍收傘，以指南針辨位，前往集合地點。

　　若說跳傘還不會讓我恐懼，那夜間跳傘便是時時刻刻與恐懼為伍，但我不願任其支配，只得相信自己，深信自己比我所熟知的更加堅強。在艙門開啟之後，我便在內心狂喊著故鄉，透過呼喊故鄉的名讓自己勇敢起來，試著在搖擺不定的飛機裡頭，以一顆小石子義無反顧投身墜落黑暗大海的姿態，在跳下那一刻激盪出堅強。只要我仍活著的一天，便不會忘記這個時刻，勇氣絕不會枯竭。

　　那是一個渾身畫滿迷彩的夜晚，皮膚深沉不會反映月亮的光，看不見的狂風四面八方襲來，降落傘背著我搖盪於夜空，心臟狂跳後逐漸趨於平靜。應聲落地重擊，而我勇敢前行，激動且堅定。

　　　　　　　　　　　　如果那是夢想，再苦也要去

喝吧！
傘訓傳統

在傘兵團有許多不成文的傳統，其中一個，便是在結束傘訓那一天，戴上榮耀的法軍傘徽時，我們會集體出城，穿著整齊的軍常服，頭戴白色高頂軍帽，與傘訓的中士教官和兩位下士班長一起到餐廳用餐，舉辦正式成為傘兵的慶功宴，然後在一天將結束前，傘訓結訓的第一名將與一位特殊工作者共度良宵，而且由同梯傘訓其他人負責付款。這名特殊工作者確實有其特殊之處，不過也不是什麼大問題，因為她已芳齡六十有五。

無論如何，這依舊是我難忘的一天。我們一行人由軍隊車輛接送至卡爾維市中心，這時的卡爾維好不熱鬧，路上滿是來此度假的遊客，這是座依水而生的城市，每至夏日，聚集全世界慕名而來的人。

我們到了一家科西嘉傳統餐廳，餐廳內還挺熱鬧，正值旅遊

旺季，遊客們多穿著海灘裝扮顯得很隨意。餐廳的女服務生熱情打招呼，空氣裡瀰漫著酒與烤肉的味道，長官們與女服務生熟識般地互相親吻臉頰，平時嚴肅的軍人顯得風度翩翩，我們都感染上輕鬆的氣氛。

在喝完餐前酒後，我點了一道煙燻乾肉做為前菜，煙燻乾肉配上山羊乳酪特別美味，好久沒有品嘗美食的我們忍不住大快朵頤。等到每個人用完前菜，服務生會一同上主菜，主菜我選的是橄欖燉牛肉佐薯條。長官們說著許多戰爭故事，我們喝的酒也越來越多，每個同梯夥伴輪番搶著付酒錢。到了最後的甜點，我特地選了一道蘭姆酒火燒香蕉，雖然剛入口時過重的酒味不是很合我的胃口，但是越吃卻越讓人欲罷不能。

為了有個愉快難忘的夜晚，長官們有意識的灌我們喝酒，畢竟審美觀與喝下的酒精成反比，我們確實需要酒精。用完餐後，我們又喝了幾輪酒，才依依不捨的離開餐廳，漫步於港口旁的小街道。

「哈囉，可以跟你們一起合照嗎？」幾名妙齡少女來到我們身旁說道。我們很快就欣然同意了，照相時女孩還戴著我們的白帽子，我們的手也順其自然地環繞在她們的腰間和肩膀。女孩顯得特別開心，但是我們沒有停留。

這樣漫步在卡爾維，城市裡的燈紅酒綠並不屬於我們，天亮之後，我們還是得回到軍營。我們不是誰的王子，或許像灰姑娘更多一些，魔法將會於午夜消失，不再有南瓜馬車接送，不再有閃閃動人的禮服，魔法很快就會失效。

最後我們來到一處隱蔽的酒吧，一別外頭熱鬧的街，除了我

　　　　　　　如果那是夢想，再苦也要去

們沒有任何客人，葡萄牙長官似乎很是熟門熟路，馬上就與一名豐腴的女子擁吻。後來又出來了幾名女子，年齡估計多與我母親相當，當下我清醒了幾分。

穿著整齊的軍常服到餐廳用餐。

東歐人玩得很是開心，一會兒開懷跳舞，一會兒左擁右抱喝交杯酒，而我卻獨坐於沙發角落，心想怎麼樣能不讓人注意，並與牆壁融為一體。葡萄牙長官看我放不開，強制命令我親吻其中一位女士，那是我入伍後第一次抗命，他們都笑我，而女士顯得不太開心。

我曾以為這個傳統只是長官諸多玩笑之一，然而並非如此。這名六十有五的女士，身材還是不錯的，表面上年紀看起來沒有那麼大，可能多虧了臉上的濃妝，或是當時酒吧燈光的昏黃。傘訓的第一名來自摩爾多瓦，他得到與這名女士共度良宵的機會，他們進屋後的細節我並不清楚，在此不便贅述，只知道事後我們問起，那個男生笑得很甜。

入伍培訓

　　傘訓結束後，我被分發到了 CEA（Compagnie d'Eclairage et d'Appui），中文直譯為「偵查支援連」，在傘兵裡屬於較為特殊的一連，配有其他空降單位少見的大火力武器，例如幾挺重型狙擊槍、重型機槍、反坦克導彈、迫擊砲等等。下連隊後，接著開始為期一個多月的基礎培訓。

　　這一個月培訓強度比新訓更大，頭一週是兩棲訓練，接著是一週半山地訓練，一週射擊，結訓則是長行軍外加直升機訓練。最初我們住在沙灘上，弄了個小帳篷，帶我們的士官全是連上的老士官，兩名服役超過五年的下士與我們二十四小時待在一起。我們受訓的新進傘兵有八名，除了一位因打架沒完成培訓的俄羅斯人，其他都是與我一起從新訓到現在的同伴，相處接近五個月的服役期。

　　這裡做錯事我們會稱為「Banane」，沒錯就是香蕉的意思，聽

▌讓人一如既往沒有好心情的負重障礙跑。

到「你做香蕉了」就表示犯錯了。經常犯錯的人稱為「Bananier」，被說是香蕉樹，除了不好聽之外，這種人往往是第一個被整到逃兵的對象。

「在這裡連一點小錯都不能犯，因為長官們眼睛裡容不下一粒沙子，且毫無同情心，一點小錯就可能三天不讓睡覺。」那俄羅斯人說道。

「那我們會有週末外出嗎？」

「這兩個月內不可能外出，之後就有機會了。大概服役到八個月左右，平常週末沒事，不安排站哨或訓練的時候就可以外出。」

這兩週負責培訓我們的其中一位下士專長為戰爭急救，來自波蘭，有著斯拉夫人特有的粗獷性格，平常喜歡喝烈酒，喜歡吃科西嘉島的乾香腸配乳酪。雖然外表粗獷，一旦發揮醫療專長，就可以看出他是體大心細的人。「隨時做好準備鋸掉你們的腿！」這是他的口頭禪。

另一位即將退伍的下士，他是團裡的拳擊羽量級冠軍，也是當時下士訓排名第一名──下士訓是所有部隊一同受訓，而通常傘兵都能包辦前三名──我們將是他最後訓練的士兵。直到他退伍，我都沒有看過他臉上的笑容，他也很討厭笑臉，如果有人朝他微笑，換來的會是腹部被揍。基本上這裡是打人不打臉的，但是我也有遇過幾次「意外」就是了。雖然我們要以微笑去面對困難，但是在他面前最好不要。

以前在新訓時，我的微笑連俄羅斯士官都很欣賞，甚至把我特地叫出來表揚過；但是在這裡，連微笑都得小心翼翼，笑容可

　　　　　　　　如果那是夢想，再苦也要去

能被認為不尊重紀律，或是操練還不夠辛苦。

當時在偵查支援連，有一位服役很久的中國人，第一次與他見面是在連隊的露天俱樂部，那時我們正好跑完步回來，有名英國長官突然對我說：「嘿，你是中國人嗎？去跟吳打個招呼吧！」

最初我們全用法語交談，然後吳哥爽朗地笑了笑。「你法語不錯啊！但是我們可以說中文。」

事後，與我一同受訓的俄羅斯人告訴我：「剛剛跟你對話的人是 GCP 傘降突擊隊的。」

吳鑫磊，他是第一位入選特種部隊 GCP 傘降突擊隊的華人，前無古人，後不知能否有來者。他是在外籍兵團華人裡頭唯一徹底讓我服氣的人，雖然我們同連，但是他們單位特殊，我們當時住在一樓，GCP 就住在我們樓上。

吳哥過了兩天主動找上我，特地把手機借給我打電話回家報平安，當時真是特別感謝他。這是來到法國半年之後第二次聯絡家裡，第一次是在新訓營，在吃完飯後僅有的三十分鐘自由時間內，去公共電話亭排隊。那時候，家人已經幾個月沒有我的任何消息，而且還有時差，這裡的晚餐時間，台灣已經是半夜了。因為大家都是許久沒跟家裡聯絡，所以每個新兵總是特別多話，很多次還沒輪到我就得集合了。

激動的接下手機撥通電話號碼後，電話那頭傳來媽媽哽咽的聲音及問候，我的思鄉之情一湧而上。回想起傘訓期間，幾乎每天做著惡夢，嚴格說起來也不能算是惡夢，如果是家鄉的場景，惡夢也成美夢。我實在太想念家了。在福利社，我最愛的東西不是巧克力，而是許多的明信片，閒暇之餘，我總會寫明信片，每

張都寫得滿到不能再滿。雖然不知道什麼時候能夠去寄，但是透過書寫，就有種它們終會替我回家的感覺。

最後一星期是綜合體能測驗，我們得穿著戰鬥服戴頭盔游泳。一跳水之後，直接潛泳十五公尺，接著自由泳一百公尺，據說這是模擬跳傘落在大海的情況，得度過這個測試，才有能耐活下去。接著是長距離負重跑，加上兩日行軍，最後一天則是直升機訓練。

在山上的戶外射擊場打靶三天，每天都打超過五百發子彈。包括口徑 12.7mm 白朗寧 M2 重機槍（台灣俗稱五〇機槍）、7.62mm 口徑的 MAG58 通用機槍、AANF1 式 7.62mm 通用機槍、5.56mm 口徑 Minimi 傘兵型輕機槍、FRF2 狙擊步槍、AT4 反坦克火箭筒、手槍、FAMAS 突擊步槍等等。

射擊測驗結束之後，長官不讓我們上卡車，所有人只能拚命追著卡車跑，好不容易回到營區，長官又下令我們扛著一挺重機槍、通用機槍、無線電、十二公升的水缸等，直接跑上對面的山頭，要求我們在那裡過一個晚上。在我們一切準備好，搭好防雨布時，無線電又傳來命令，要求所有人十分鐘之內跑下山……這樣不人道的操練，對我們來說只是家常便飯。

晚上睡覺時沒有睡袋，大家像一堆企鵝圈擠在一起蓋著防雨布取暖，每人還得站哨兩個小時。那段期間長官很常使用暴力，荷蘭長官莫斯奇有次直接拿鐵椅子往我臉上砸，因為被揍得太頻繁，說實話，除了憤怒之外幾乎沒有其他感覺。

當我們覺得自己已經堅持不住時，那並不是最後的時刻，只是在當下，我們的精神接近崩潰了。軍隊裡教會我們，每當要堅

如果那是夢想，再苦也要去

在法國、西班牙邊界巡邏執勤；身體是疲勞的，但靈魂是自豪的。

持不下去，就把腦袋裡的螺絲給轉緊，重整腦子裡的情緒，跳脫當下的場景，有時候甚至會覺得自己苦苦掙扎的樣子有趣極了！就算感到萬劫不復，也可以找到出口，痛苦終將結束，明天還很美好。

記住
二十個重要單字

　　培訓結束之後，我們一行七個人被分發到不同的排，我與墨西哥人去了反坦克排，排上只有我們兩個是新進成員，自然而然地得負責所有的雜活、累活。

　　有次我在連隊後院掃地，吳哥恰好經過，他當時沒說什麼就走了。過了一會，我還在掃，他過來塞給我一張紙條，裡面寫著二十個法語單字。

　　「這二十個單字都很重要，你把它們記下來，之後我會考你。你現在正做的事，對你是不會有任何提升的，你得利用額外時間學習。這些單字我沒有寫上中文翻譯，如果我直接告訴你意思，這樣對你也不會有任何幫助，你可以直接拿這張紙去問外國人，就算是上級也可以問，正常情況他們都會幫你解答，而且在過程中，你還會聽到更多的單字。」

　　他給過我好幾次這樣的單字紙條，不停地提醒著我，在法國外籍兵團裡，法語有多重要。

　　吳哥的這段話我一直記在心裡，成為我持續精進法語的動力。

　　　　　　　　如果那是夢想，再苦也要去

sentinelle 警戒

guetteur 哨兵

maintien 保持

mousqueton 登山扣

citoyen 居民

pilote 駕駛員

moniteur 教練

intellectuel 智力的

assaut 進攻

choc 休克

uniforme 同一的

accident 意外

catastrophe 災難

secouer 搖動

humilier 污辱

plaire 使喜愛

escorter 護送

fuir 逃跑

songer 想

traiter 對待

反坦克排的
新兵日常

　　每天早晨部隊起床時間是六點，但是我們必須在六點前漱洗完畢，並打掃好房間，接著開始打掃連上及排上，大約會持續到七點。七點十五分吹哨，所有士兵集合繞營撿垃圾，七點半集合運動。約在七點前後，排上每一位中士都會進來房間，跟每個人握手問好，同時檢查內務，從房間整潔、倒垃圾到個人衣櫃內務。因為雜事很多，所以多數時候沒有時間吃飯，而且部隊早上也是不供食的，大部分老兵會自費到俱樂部買個麵包或三明治果腹，新兵的話就得加緊時間做完事情，再想辦法吃飯。

　　如果士官進來房間，我們第一個看到的人得以最快速度喊「全體安靜」（Silence），接著所有人立正敬禮。如果是軍官進入房間的話，則得喊「全體注意」（Garde à vous），不管當時在做什麼，都必須馬上立正站好，一動也不能動。

　　傘兵的服裝儀容要求遠比其他部隊更加嚴格，凡是服役五年內的官兵，外出時都得穿著燙起來極其麻煩的軍常服及塗好鞋油

　　　　　　　　如果那是夢想，再苦也要去

的皮鞋，並把腰帶擦亮，只要一項沒做好，就會被取消外出。還有另一套外出服，我們稱為沙灘服裝，穿這套衣服時只被允許早上出去，下午六點前必須回來，而且說真的，這套沙灘服裝是真的醜──白色運動長襪、軍綠色 Polo 衫，配上卡其色短褲，還有特製的部隊皮帶──別稱為「小學生上學服」。

外出得經歷重重檢查關卡。先是排上的下士檢查，再來是連上的中士檢查，等走到門口，還得等站哨的指揮官再檢查一遍。據我所知，其他部隊穿便服就好。此外，站哨時我們也得穿著閱兵服裝，都是極其難熨燙的，這些在其他部隊幾乎都絕跡了，只有我們和南美洲的第三步兵團仍保留這些傳統。

我第一次週末外出是在已經服役八個月的時候，其他部隊的人不需要等這麼久。手機的限制也比其他部隊嚴格，一般在四個月服役期的時候就普遍擁有手機。這裡對於手機沒有太多管制，只要「上班」期間不要使用。擁有手機固然是件好事，但是也有弊端，因為上級就可以在他需要人的時候隨時聯絡，如果不接電話就會出事。時常在假日會有緊急來電，像是某一次，我已經外出，在海景飯店裡面剛安頓下來，這時候上級來電：「週末俱樂部需要人手賣啤酒，三十分鐘內回到部隊。」

在我們還是菜鳥的時候，這種事情非常常見，新兵在連隊裡最不受善待，因為最菜，週末時有許多雜事等著我們。就算只是待在房間裡，也很難得到真正的休息。加上我運氣不好，我們這梯只有兩個新兵進到排上，不同以往會有五、六個一批，那情況就會好得多，事情可以一起分擔。老兵一般是什麼都不做，或者負責監督，他們已經可以像下士一樣帶隊，甚至給我們上課。

其實，
我也不是好惹的

　　順利進入戰鬥連隊之後，第一個月裡我跟人打了四次架，絕大多數是與連上前輩，有次則是跟下士，他們都是俄羅斯人或是來自說著俄羅斯語的國家。軍隊裡的種族歧視無所不在，尤其當我是這裡的「少數民族」。跟他們打架，不必在乎輸贏，因為他們比我高大，比我更加強壯，人數也多，我唯一能稱上優點的只有不怕死。寧可站著死，絕不跪著活。那個時候，即使被打，我也不去醫務所，因為這種事情如果不私下處理，將永遠不會結束。

　　第一次打架我印象深刻，那天我是連上的勤務兵，負責吹哨、熄燈、領取連隊信件等各式各樣的雜事。那時候另外一位特種偵查排的俄羅斯前輩里莫夫正在打掃走廊，但是已經到了熄燈時間，上級命令我去關燈，我也看到他在打掃，跟他知會一聲已是熄燈時間，但是他二話不說，上前一步揪住我的領口，直接踩上我的

腳，湊近臉瞪著我。「你給我閉嘴，在這裡你沒資格發言！」他這樣跟我說，還推了我一把。我並沒有回話，直接用拳頭往他身上招呼，我們互相來往了幾拳幾腳，但很快地被他們排上的人給拉開，這事卻沒有就此告一段落，反而越演越烈。

當晚我們相約午夜在垃圾場解決，他赴會時帶來了幾個人，把我們倆團團圍住，其他人並沒有加入戰局，就只是看著我們兩個單挑。說真的那次我沒能討好，他速度比我更快，身材比我更強壯，但是我也不會讓他整齊離去，我們都是往對方臉上揍，最後被他放倒地之後，我直接被他一記低鞭腿踢到耳朵流血，接著繼續在硬石地板纏鬥，這時候他跟我的頭都已經皮破血流，最後他把我鎖喉，在我快要窒息的時候，他被值星士官拉開。那天我們一起被處罰，在連辦公室前做伏地挺身直到半夜三點，而且每做一下，就得親吻對方臉頰一次。那天終於在床上躺下時，我的後腦勺都是血跡，鼻子、耳朵也流血。

這次與俄羅斯人的衝突過後，我便成為了這群說著俄羅斯語的人的眼中釘。

「我今天在偵查排那邊，跟所有俄羅斯人喝酒，他們說要想方設法讓你逃兵，所以我勸你收拾好包袱吧！雖然我挺欣賞你，但是在人前我們最好先保持距離，這樣他們有什麼消息，我才好暗地裡給你通風報信。」我房間那位服役一年左右的摩爾多瓦前輩喬里奇暗中幫我打探消息，並且給我忠告。

「好吧，反正我並不懼怕他們，要打架隨便，但是如果他們想玩陰的，就麻煩你提前告訴我了。」

老虎不發威，你當我是病貓！

　　「我建議你申請換連隊吧，最好直接申請換團，這樣子對你更好，畢竟那群俄羅斯人不是好惹的。」

　　「其實，我也不是好惹的。」我故做輕鬆地聳肩說道。

　　　　　　　　　　　　　　如果那是夢想，再苦也要去

他是真正的
外籍兵團成員

某一天半夜我在房間裡睡覺，兩位俄羅斯人闖進來，把我連著床直接拉到走廊，雖然我房間裡有長官，但是他只是抬頭看了一眼，就倒頭繼續睡了，根本無視他們的行為。

「大半夜的，你們想幹嘛？」

「中國人，你在這裡待不了太久了，因為我們決定不讓你好過，識相的話就自己打包走人，不然我們不保證你走的時候，身體仍然完好。」

從前，老祖先的智慧告訴我，凡事要以和為貴，可是這件事已經到了沒辦法平靜對待的地步，我只能動武。當時被欺負得挺慘的，無時無刻不有俄羅斯長官給我找麻煩，常常二話不說就打我的頭或是我的腹部。

　　這些事情我無法接受，大家都是一起當兵的，或許有天要在戰場上共事，為什麼要如此咄咄逼人？想方設法把我逼到逃兵？幾次打完架之後，俄羅斯人什麼事都沒有，只有我被處罰，連夜寫一百份檢討報告，雖然氣憤不公平但是當下只能寫。

　　直到有天，我正在地下室的洗衣房準備要洗衣服，突然來了三位俄羅斯人。幾個人堵我一個，原本只有我與其中一個動起手來，後來另外兩個看情況不對，我竟然沒在第一時間被打倒，於是他們不管三七二十一，三人一同出手，多虧剛好有另外一名士官經過，他們才停手。

　　「如果你們有恩怨，不是這樣幾個人對一個，應該一對一戴好護具去拳擊室對打。」

　　當晚我們就去了拳擊室，他們推出逞兇鬥狠的代表：摩爾多瓦人邦沙，說要和我解決之間的問題。其實我挺喜歡他的，說打就打，說幹就幹，後來我們甚至變成了朋友。

　　邦沙他練了兩年泰拳、兩年綜合格鬥，說要讓我嘗嘗痛的滋味。第一回合，一開始他往我左側一踢，力量挺大，接著一拳打在我臉上，那拳似乎把我打醒了！我們開始拳來腳往，直到他倒地。

　　第二回合，擂台下的人眼睛睜得很大，想不到邦沙被我壓在繩索旁暴打，打得他抱頭被動防守。他突然一個轉身肘擊，直接

　　　　　　　　　　　　如果那是夢想，再苦也要去

打在我後腦勺。原本說好不用手肘和膝蓋，即使他辯解也沒用，台下的人都看到他肘擊我，我的墨西哥朋友為此作證。

第三回合，他一腳直接踢我的臉，幸好我閃過，這時拳擊室的長官來了，大喊：「你們在幹嘛？」並要求我們全部離開，原因是這裡禁止不戴護具對打，當時我們只有拳套。

在軍隊裡，尊重不會平白給予，然而這次我贏得了尊重。另一個俄國人還問我下禮拜二或是四有沒有時間，他也要跟我打一場，並對我露出微笑還眨眼睛。他們說如果我願意，以後可以一起練綜合格鬥，他要展現絕招給我看。之後里比斯告訴我，邦沙說我不是普通的強，班長也檢查我的臉是不是一如往常，我還聽到有人說：「Il est un vrai légionnaire.」（他是真正的外籍兵團成員）。

部隊教我服從，但是從未教過我軟弱。部隊並非相親相愛的場所，對人以善良，不一定有同樣回報，只能夠以行動證明你值得人尊敬。

那日，
風又大了

　　我們排長是個極其嚴厲的俄羅斯人，但他幾乎不與俄羅斯人打交道，擁有一百九十公分的身高，總是不苟言笑，令人尊敬又害怕，屬於不怒自威的類型。他是極限運動的常客，熟悉科西嘉島每條祕徑，高峰幽谷遍布他的蹤跡；但他總是為了小事而震怒，發怒頻率之高，導致沒什麼人願意接近他。時常晚上九點後，還能在辦公室看見他的身影，這個時間點，正常人早該離開辦公室了，回家抱抱老婆、小孩，但他沒有，他擁抱的是外籍兵團，外籍兵團即是他的家庭。

　　那天他突發命令，估計是偶然來的突發奇想，或是又想給我們一次考驗，要我們領上所有裝備，包括防彈背心、反坦克導彈等等，即刻出發重裝行軍。領完所有的裝備後，一個人很難背起自己的包，一定得旁邊的人幫忙才能挑起放到肩膀上。反坦克排最是強調長途行軍的能力，因為我們得在大部隊之前，提先到達

如果那是夢想，再苦也要去

從傘兵營區出發，沿著海岸線走上幾公里。科西嘉島無處不是風景，趁年輕在這裡過上一段日子，身心都會留下些東西。有時候感到不幸福，都是因為計較太多，而沒有珍惜眼前，靜下心來之後，世界真的更美好了！這段與世無爭的日子裡，我想這便是我最大的收穫。

地中海蔚藍如畫，我們是有幸的過客

制高點勘查，提供訊息，爾後又先大部隊一步，在另外制高點負責火力掩護，一向背得比別的兵種更重，走得更遠，爬得更高。除了一般戰鬥裝備，還得背負反坦克導彈、夜視瞄準儀、替換電池等等，每個人都得背上四十公斤，路程中我們會攀登科西嘉島最高的山，這是著名戶外路線「G20」的其中一段。

這次的三日行軍，路線一如往常——就是沒有路線。並不是他沒有規畫，而是他偏愛挑戰一些正常人不會走的路。

路途中，隊上一名戰友在跨越崖壁時滑落，高度差約有十米，這裡的地形實在不適合行走，更何況肩負著無比沉重的野戰背包和一堆裝備。我當時就在他後面，目睹他滑下山崖的過程，頭部紮實地撞了石頭兩、三下，幸好是背包著地，落在水道上。他毫不軟弱，但是大自然比他還強悍。

即便有人受傷，排長卻完全不在乎，讓我們幾個人抬著他，走了一個小時，到了前方的小村之後，才聯絡部隊遣送傷患。把那人送走後，大家一路上談笑風生，預測下一個倒下的會是誰。一路上很多人都倒下了，後面的人大喊停下，他很生氣，邊罵邊走得更快，說著：「你們唯一能喊叫的是前進。」讓人慶幸的是，我們還有個隨行的中尉軍醫在隊伍殿後，雖不奢望他能照料我們的健康，只是希望他能稍微遏止排長對我們使用暴力。我們排上幾乎一半的新兵因為排長的暴力而離開，我也曾在犯錯的時候，腹部被他搥了幾拳。

結束野外訓練，沿途還爬上科西嘉島最高的山（Mont Cinto）。剛回到營區不久，放下沉重的背包和裝備，擦槍整理，收拾好東西去軍火庫交還。一切整理好接到解散的命令之後，回

到房間，還沒能去沖個香噴噴的熱水澡，打開手機的剎那，手機瞬間被訊息徹底填滿，許多消息鋪天蓋地而來，家人朋友紛紛詢問我在法國的情況，很多臉書上的朋友把頭像加入三色旗，而部隊則降了半旗。

二〇一五年十一月十三日，那是巴黎最黑暗的夜晚，原本平靜的法國突然遭受多起恐怖攻擊，恐怖分子在體育場、音樂廳等人群聚集的地方無差別掃射，伴隨自殺式炸彈攻擊，造成超過百人死亡、三百多人受傷。

在這令人不安的情勢裡，部隊立即進入緊急狀態，官兵禁止外出，所有連隊整裝待命，只等指令一下，無論在世界上任何一個角落，我們會在二十四小時內趕到。

政治我不懂，所以不做任何評論，可是我的職責是為最糟糕的情況，做最充分的準備。因為熱愛和平，所以準備戰爭，讓絕大多數的人，仍能保有平靜的生活。

我的這位排長於二〇一八年二月逝世。做為傘兵，他沒有犧牲在跳傘任務中，而是在他的另一次冒險。在生命感到激情的瞬間，在那一刻，他穿著翼裝飛行服立於山間，不知道他想著什麼？或許跟每次跳傘前在飛機座位上一樣平靜，他定是全然無懼，畢竟這世間沒有什麼值得讓這名男人恐懼。

「這種運動在科西嘉島才剛開始，沒有安全性可言，無異於拿著毛巾從山峰往下跳罷了。」一切彷彿昨天，他還在對著我們訴說著翼裝飛行的種種，以及如何見證同伴撞樹死亡。而那日，風又大了。

Part 3

未能親身經驗的事

永遠不該太早
下定論

在這個險惡而荒野的營地中,被鐵牆包圍,
我們似乎生活在大沙漠中間的鐵壁裡。
──《沼澤之歌》

波蘭中士的
處事哲學

　　傘兵團新成立了第五連，專長沙漠作戰，準備派遣部隊去阿布達比出海外任務，由於他們是新成立的，人手不足，所以從我們偵查支援連挑選人馬，組了一個排的兵力支援，我們這個混合排，裡頭有著各種戰鬥專長的，算是挺特殊的一支支援分隊。

　　待訓的這段時間，我們有自己的訓練，由波蘭中士長瓦什凱維奇帶領，他是個可怕的運動狂魔，個頭跟我差不多，但是明顯比我強壯一圈，對於體育科學的種種知識嗤之以鼻，卻癡迷於土法煉鋼式的苦練，在他帶領下，每天都得運動三次。這人唯二的愛好便是酒精與運動，表面上看起來沒什麼特別之處，即使他有點強壯、有點魁梧，但是這種身材在傘兵團裡多得是，不過當他開始帶我們訓練，我就發現他根本「不是人」！

　　早上例行長跑每天都會跑不同路線，最常跑惡名昭彰的老水

　　　　　　　　如果那是夢想，再苦也要去

塔陡坡，那段陡坡是我新兵時期的惡夢，看不見盡頭的上坡路，跑一趟長度十五公里。回程接近營區時，再到沙灘跑五公里，最後再來個百米衝刺。中午、晚上吃飯之前則是「apéro」，這個單詞在法語裡是「餐前酒」的意思，但是對我們來說，卻是「餐前運動」。一開始我們之中唯一的法國人侯德還鬧了笑話，真以為要喝餐前酒。

在訓練時，若沒達到中士長的要求，跑步落隊在最後面的，或是單槓拉不上去的，訓練完之後得在俱樂部為整個排買單。早晨與中午運動後，人手一瓶飲料；晚上則是人手必備一罐啤酒，這些都是體能不好的人買單。每次二十幾歐的啤酒錢，說實在的，前幾次還不以為意，但久而久之真的會心痛荷包。

中午的餐前運動是五十下單槓（十下一組做五組）。下午操課完畢、晚餐前三十分鐘，要跑運動場外加三百五十二下仰臥起坐，沒有間歇休息。我們有十一個人，包含中士長在內，一個人負責數數，大聲喊零、一、二……直到十（雖然是數到十，但其實是十一下，因為把零也算進去）。所有人都得輪到，輪一圈已經一百二十一下。原本以為已經結束了，但是中士開始從頭報數，這次直接從零數到二十，所有人又輪了一圈，所以總共三百五十二下。許多人常後繼乏力，使中士破口大罵，因為一個人出力少，其他人就得用更多力量彌補。每次做完，洗澡的時候就會發現屁股有大面積破皮，淋浴那瞬間就像是給傷口灑鹽。

某次中士說要帶我們走他帶女朋友走過的登山路線，還說以後週末我們跟女朋友出遊，就有更多選擇。原本說好了半天的路程，卻從早上八點走到晚上八點。在感情裡，這就是直白的愛情

騙子，如果真的帶女朋友來，能否順利回去都成了問題，更別想她會不會在半路翻臉。

　　三月的科西嘉島，早晨的氣溫仍然有點低，中士特別喜歡在咖啡裡加進他最愛的伏特加，行軍上路前所有人都必須來一口「特調」，感受一大口暖流經過喉嚨，直下五臟六腑。一股熱能湧入軀幹大腦，那酒精混合咖啡因，麻痺了知覺，卻活躍了身體。

　　中途休息的時候，中士會叫我們每個人吃幾塊大蒜及洋蔥，也可以直接混合軍糧罐頭一起吃，並且和我們分享他的飲食之道：「在野外受訓的時候，軍糧在沒有選擇的時候才吃，其他時候，你們得學會自己準備需要的食物，畢竟軍糧這些東西，保存期限都超過五年，裡面放了多少防腐劑、添加劑不得而知。任務時期由於沒有選擇只好將就吃，一般訓練時盡量別吃，吃多了對身體有害。吃的時候沒感覺，拉出來的時候感覺可是完全不同。若是吃一客上等牛排，到了上廁所的時候，你會花費一點時間如廁，但是吃份軍糧罐頭，大約只需十秒。在野外訓練，只吃洋蔥、大蒜、科西嘉乾香腸和在地乳酪。當然，還得配上生命之水，營養保證足夠。」

　　終於行軍到射擊場比安卡角（PUNTA BIANCA），水壺裡的水已經幾乎見底。突然想起長官的忠告，不管什麼情況，永遠在背包裡多放兩公升水，直到逼不得已的緊急狀態，才能夠緩緩的喝，就算包重了一、兩公斤也不要緊，將來的你，肯定會感謝在包裡多放水的自己。

　　射擊訓練從距離兩百米開始，一百米時變換射擊姿勢，

　　　　　　　　　如果那是夢想，再苦也要去

練習水中障礙前在泳池畔的合影。波蘭中士長特地在泳
池中架了一條約五米長的攀爬用麻繩，游泳完後大夥兒
輪流攀繩，繩子很快就變得又濕又滑，能更成功攀繩的
人越來越少，但對波蘭中士長來說似乎沒有任何問題，
他依然做得很輕鬆。

七十五米、五十米、二十五米，最後看靶。嘗試不同隊形演練、衝鋒進攻，所有人始終維持一線，邊射擊邊推進。交換位置射擊、步槍、手槍交換射擊、處置傷兵、形成包圍網之類的訓練，每個人都打了兩、三百發子彈。

今天做的一些訓練在正規法軍是禁忌，因為我們直接荷槍實彈訓練，事前沒有排演。法軍的訓練方法是，第一次先空手排演隊形戰法，第二次用空包彈訓練，第三次才能用真子彈。但是在外籍兵團都直接來真的，上級腦袋裡只裝著：衝啊！上啊！勇者無敵！

中午用餐前，即使在靶場依舊有餐前運動，中士似乎不甘心我們一餐不運動，於是下令把唯一的鏟子，綁在天花板的梁柱上，用繩子綁好套牢就成了單槓。吃飯前，先拉了九十下單槓，一組數十五下，一共六組。如果誰拉不了的話，排在後面的同伴得抓住他的腳幫忙往上推，但是別人幫忙的人得多拉一下。

單槓結束後，再做五百下正手伏地挺身，一組一百下，緊接著五十下單手伏地挺身，頂著正午的豔陽，不准喝水。我們即將去的地方有著四十度高溫，而我們要在那裡做一樣的事情。

中士長後來說了一句話，讓我們軍心大振：「等我們從沙漠回來之後，女朋友會告訴你，你就像動物一樣強。」

離開法國這天，計畫中午從科西嘉島坐上開往法國大陸的輪船，早上卻安排了長途越野武裝長跑，跑了兩個多小時，超過十五公里。直到半途，跑完老水塔陡坡後，侯德開始顯得神智不清，跑得搖搖晃晃，中士卻不以為意，反而在後面推著他。

「你以為我沒看過人中暑嗎？這算什麼？給我繼續跑！」

如果那是夢想，再苦也要去

直到他倒下，另外三個人接近中暑，有另一位巴西人被急救專長的下士私自叫走，因為他早就在隊伍後面嘔吐，若是堅持下去，我們就又少一個人了。

這個倒下的侯德曾經在法軍服役十一年，執行過五、六次海外任務，後來嚮往外籍兵團而重新入伍，他曾經說，法軍裡的人都說外籍兵團是出了名的殘酷鐵血，真的想當兵的人，都會選擇加入我們的行列。

當救護車到達我們所在的山坡，他旋即被送往急救，也就表示他不能與我們一起前往中東。到了醫院，他發燒超過四十二度，好不容易醒來之後，連自己的名字都說不出來，醫生說他一年內不能再做任何運動。

前往阿布達比

出發前，我拿到不是本名的法國護照，是由上級統一發下來，這是我們搭乘飛機的憑證，但是這本護照只有在任務中才能夠使用。於戴高樂機場出發，軍用飛機上位置可多了，每個人可以有兩個座位，我的位置正好靠窗，看著飛機升起，漸漸遠離巴黎。

在機場時我買了一本法語書《你們無法得到我的仇恨》，本書作者萊里斯，他的妻子於二〇一五年一月十三日在巴塔克蘭音樂廳遇害，在恐怖攻擊三天後，萊里斯在臉書發表了這封公開信。

你們無法得到我的仇恨

周五的晚間你們奪去了一條生命，她卓爾不群，是我一生的摯愛、是我兒子的母親，但我不會恨你們。

我不知道你們是誰，也不願去了解，你們的靈魂已死。

如果說，你們是為了那以他的肖像創造我們的神而進行

盲目殺戮，那麼，我妻子身上的每一顆子彈都將是神心上的一道傷痕。

所以，我不會將仇恨贈予你們。仇恨正是你們的追求，正是這樣的愚昧造就了今時今日的你們，可是用憤怒來回擊仇恨，事實上是向同樣的愚昧屈服。

你們想令我恐懼，你們想讓我以不信任的眼神打量我的同胞，你們想讓我為了安全犧牲自由。可我不會讓你得逞。一樣的人，故技重演。

在幾天幾夜的等待之後，今天早晨，我終於見到了她。她美麗得就像她周五晚間出門的那一刻一樣；美麗得就像十二年多之前，我無可救藥地愛上她的那一刻一樣。

誠然，這靈耗使我肝腸寸斷，我把小小的勝利讓給你們，但這勝利注定是短暫的。愛妻將永遠與我們同在，終有一日我們自由的靈魂必將在天堂重逢，而天堂的大門永遠不會向你們敞開。

我和我的兒子兩人相依為命，但我們的力量強於百萬之師。我沒有一點多餘的時間分給你們，我得去照顧我那剛從午睡中醒來的小梅爾維爾了。

他只有十七個月大，一會兒他將像往常一樣吃些點心，然後我們還會像往常一樣玩耍，他將會用他自由而快樂的一生使你們蒙羞。因為，他同樣也不會恨你們。

抵達目的地下軍用飛機時，已經是當地時間的晚上了，迎面撲來一股熱氣，我還猜想應該是我們正好在飛機引擎排出熱氣的

未能親身經驗的事，永遠不該太早下定論　　　　　　141

範圍，但是走了兩百米後，我發現我錯了，始終是那麼熱，並沒有因為遠離飛機而變涼。

我們降落於阿布達比軍用機場，新型坦克車和各式武裝在此停靠，其中有許多昂貴的法國貨，如勒克萊爾坦克、幻象2000戰鬥機等等，由此可以窺見這個國家，軍事戰力是多麼富強。

我們這群來自法國的軍人在機場等候室檢查身分，由阿拉伯聯合大公國負責人員一一核對我們的名單，同時也用海關儀器檢查了我們的所有行李，我們不被允許帶任何通訊用品，像是手機、充電器，就連記憶卡也不行。

領完便當，裡頭有肉有菜，幾樣精緻的糕點，還有符合法國人口味的麵包。我最喜歡的是裡頭別有特色的糕點，應該是阿拉伯的傳統美食。

很快，負責接送我們的巴士來了，我們的目的地是外國軍隊駐紮的軍營。從車窗往外看，我們身處暗夜之中，行駛在沙漠的小徑，真是件神奇的事。途中路過了幾道防衛森嚴的關卡，隱約看見塔台上幾挺重型機槍的影子。很快的我們到了軍營門口，哨兵站走出一位阿拉伯軍人，由他負責檢查我們是否攜帶了電子物品。檢查得可說是十分嚴謹，隨身行李都倒出來翻了遍，連身體也摸了個乾淨。

宿舍是棟三層樓高的建築，建築物內外是兩個世界，冷氣開得很強，一點也沒有節約用電的意思，反正是國家買單。

這裡是阿拉伯聯合大公國，世上幾個最富裕的地區之一，自古是兵家必爭之地，有著重要的戰略意義以及經濟影響力。以地理位置而言，鄰近伊朗、伊拉克、沙烏地阿拉伯，以東還有阿富汗，

　　　　　　如果那是夢想，再苦也要去

有助於法國爭取在波斯灣的政治利益，應對可能突發而至的所有情況。

　　這個位於阿拉伯聯合大公國的軍事基地，更是法國第一個建立於以往殖民地以外的軍事基地。

齋戒月期間的
沙漠訓練

　　海外任務期間正值伊斯蘭教的齋戒月，整個國家禁止白天飲食，甚至連喝水、抽菸都不行，即使不是穆斯林，身處沙漠軍營的我們也受到限制。我們內部只有一位穆斯林，而且是不太遵守規範的那種，就是當時我的室友，我們兩兩同房，所以我對他的生活起居特別了解，透過他的介紹與故事，我也在這段期間對穆斯林有了更多認識。

　　在阿拉伯國家，廁所獨樹一幟，馬桶旁有個附加的瓷盆，名為 bidet，一開始我以為是小便斗，據說是清潔台，可以用來洗屁屁，也可以清洗其他部位。另外，馬桶旁設有帶著長管的噴水龍頭，專門用來清洗屁股，使用時強水柱讓人不太習慣，有種被侵犯的感覺，但是確實非常方便，而且比用衛生紙來得乾淨。

　　在齋戒月期間，我們不能在外吃東西、喝水，抽菸也得躲在

　　　　　　　　　如果那是夢想，再苦也要去

角落，因為軍營外圍遍布監視器，我們做為法國軍事外交代表，自然得尊敬當地的文化。

頭兩天，我們沒有訓練，僅僅做了理論課程，如何在屋內勘查地雷及陷阱、製作炸彈、沙漠求生的知識，認識在這裡可能看見的毒蛇與蠍子、多肉植物、沙漠黃金椰棗，還有過濾水的方法，也對於這個國家文化及政治，有了些簡單的認知。正值六月，是這裡最熱的時刻，在沙漠裡氣溫更是動輒能到達四、五十度，溫度將是我們面對的第一個敵人。

這裡訓練重點在於城鎮作戰，營區內座落許多阿拉伯風格的模擬城市，而我們在此練習攻堅任務、偵查任務等等。以小組作戰為主，進入建築物勘查，相互掩護，救出人質。

我們與法國第五重裝騎兵團配合作戰，他們有著法國最新的勒克萊爾坦克（Char Leclerc），這部坦克號稱為世界最強坦克，世界唯一第四代主戰坦克，不過從未正式應用於戰爭當中。造價也是名符其實的世界最貴，要價一千萬美金。在這裡停放著的是數億美金的資產，每天看著這些錢在風沙中前進，重裝坦克狂飆於沙漠中，卻也別有一番滋味。

領了法軍沙漠色的服裝，首要任務是把新領的衣服全部燙好，我們的熨斗在這裡都無法使用了，因為電源插頭與這裡的插座並不相符，只有少數幾個聰明人還帶了轉換插頭，但是他們也沒有要分享給所有人的意思，畢竟我們只有一個下午時間，得燙好全部的衣服。命令就是這樣，不管我們是不是人生地不熟，我們也沒有這裡的貨幣，只能千方百計想辦法，沒人敢坐以待斃。

此時，羅馬尼亞戰友展現了一門技術，如何把插頭與電線分

離的熨斗給修好。先把電線用隨身小刀切開，露出裡頭形形色色的線，接著把線一圈圈環在斷掉的插頭上，說：「見證魔術的一刻到了。」便把插頭一腳踹進插座裡。如此一來熨斗又可以用了。

　　到了檢查服裝的時刻，我跟另外三名新兵沒有通過，畢竟我在最後才找到熨斗，還是去跟法軍借的，但這不足以成為理由。我們被處罰寫一百份檢討報告，代表著得不眠不休寫一整個夜晚，在別人安穩入睡的時候，拿著原子筆與直尺，忍受著疲勞振筆疾書，唯恐寫錯一個字母。最難受的事，莫過於此。

　　日子看似苦哈哈，偶爾還是有有趣的事情發生，某天看到戰友拿出了一台智慧型手機，還是有鏡頭的那種！心裡太震撼了，他是怎麼通過重重檢查？原來這名戰友把電熨斗拆解，把手機放入熨斗內部，接著再把電熨斗用螺絲鎖好。據說這是從前毒販的運毒手法，連海關儀器都掃描不出來。當所有人都沒有手機，還有什麼能比擁有手機更讓人開心的呢？

　　在這裡，人事調動也是家常便飯，我們同行中的一名資深狙擊手下士長，第三天便被調派前往伊拉克。這些輪調海外的機會，某些程度上代表了一定風險，但是軍令就是軍令，不管它多麼不受歡迎，我們都沒有拒絕的權利。周圍國家如果有緊急情況，我們往往是第一批前往支援的軍隊。

　　　　　　　　　　　如果那是夢想，再苦也要去

沙漠裡的
三溫暖

　　在沙漠的首次行軍，帶頭的是名法國老士官，那黝黑的皮膚幾乎與土著毫無分別。這次行軍不會在沙漠過夜，所以我們只會輕裝出行半天，目的是讓我們感受一下何謂沙漠，為將來在更嚴酷的環境、更大強度的沙漠訓練課程做好準備。

　　起初，沒人把這次行軍當一回事，畢竟我們都曾在烈日下重裝行軍幾天，區區輕裝行軍半天，何懼之有？

　　走出軍營，直接步入沙漠，在這想逃兵絕無可能，除了身處沙漠之外，兩道約五公尺高的鐵絲網柵欄環繞軍營，兩道鐵絲網間也約有五、六公尺的距離，在鐵絲網旁，平均每十公尺就設有一台監視器，再加上二十四小時的哨兵，除了有法軍站哨之外，還有阿拉伯軍隊的哨衛。

　　靠近軍營附近的地方有些稀疏的植被，沙土稍硬，有個地方

植物生長特別茂盛，被我們稱為「湖泊」。因為整個軍營屎尿排泄物最終都到達那裡，那些養分讓沙漠裡有了塊綠洲。

　　越深入沙漠，沙土越來越鬆，踩下的腳步不斷下陷，每一步都彷彿有人在拉扯著我的軍靴，讓人漸漸失去體力。我發現，若是一步步踏著前面人的腳步，他們踩過的地方，沙子會稍稍硬些。從腳印上踩過，能夠節省一些體力，美國中士英林後來也說了這個理論。而且在另一方面，若是敵人發現我們的足跡，也不會看到過多的足印，無法從殘留痕跡來推算我們的人數。這次行軍讓我體悟到，未能親身經驗的事，永遠不該太早下定論。

　　很快我們嘗到苦頭，在沙漠行走不比其他地區，每個踏步，每個抬腿，沙子的黏如同有人壓著我的腳，步伐隨著每個腳步越陷越深。加上沙漠的高溫，很快便口乾舌燥，汗水迅速浸濕了衣物，並從上衣、褲子裡開始滲出。雖然在沙漠，卻又像在游泳池，池水就是我們本身的汗水，濕熱的身體加上燥熱的天，只能腦補自己去了三溫暖，享受著這份痛苦。

　　在途中只要休息指令一下，多數人直直往後一躺，竟然連蹲下或是好好坐下的力氣都沒了，這是很不專業的行為，畢竟我們得隨時處於戒備狀態，每個人需分別拿槍看著不同方位來確保隊伍安全。但是身體的自然反應卻沒能給我們思考的餘地，直到長官過來給每個人一腳。「別再裝死，去那裡，戒備那個方位。」腦海裡的三溫暖結束了，我是軍人。

　　在這裡，只要醫務所掛上黑色錦旗，代表氣溫過高，禁止一切運動，但是我們中士長不作死不罷休，仍然無視旗子顏色，就像之前把侯德弄到中暑昏迷一樣，他覺得那就是達爾文提出的物

　　　　　　　　如果那是夢想，再苦也要去

競天擇，外籍兵團裡也只有最好的會留下，但是他的鍛鍊方法並不適用所有人，每回幾十次爬繩，幾百、幾千下伏地挺身、仰臥起坐，雖然他總是身先士卒，在前面做得最為標準，但是沒有人能夠像他一樣，到後來，只能想辦法在他看不到的地方，尋找機會偷懶，懷疑他根本不是人類這個物種。

　　受訓期間我們確實保持了運動習慣，即使溫度超標，每天早晨慣例長跑也未曾中斷；明明是日正當中，大夥集合排隊吃午飯，我們永遠不在，因為我們仍在體育場，要嘛正在爬繩，要嘛正在拉單槓，或是做以色列格鬥術訓練。

　　能夠想像在炎熱的沙漠中心運動的感覺嗎？我們第一次拉單槓，那時是中午氣溫最高的時候，單槓燙得如同火燒，但是中士長不管，訓練照舊。他自己先做了一組，手掌燙得起泡，我們以為可以不用做了，正暗自竊喜，但是他馬上下令，所有人戴上戰術手套，依舊鍛鍊，他也不例外。隔天，單槓上被纏上了一圈又一圈的醫用膠布，是中士長下令兩名士兵連夜處理的，為了讓單槓不再因日曬而燙人。

　　在阿布達比的全軍運動會，有我們沙漠三排和剛成立的傘兵第五連以及法軍的交流體能競賽。不負眾望，我們拿下所有體能測驗第一名，光就爬繩這個項目，就領先第二名一半以上。難怪法國軍隊會說：「他們不是人。」

一日的自由

　　在阿布達比的四個月期間我們有大概六、七次外出機會，但是每次外出都只有一天時間。民間營運的巴士將我們送離軍營，外籍兵團的我們，每個人都必須穿著襯衫及體面的外出鞋。但是與我們同行的法軍則沒有要求，花式太陽眼鏡搭配騷氣十足的熱帶西裝，甚至有人穿著運動服飾，他們裡頭有兩位女兵，這時候每個人的眼球都在她們身上。

　　早在第一天到達阿布達比時，葡萄牙中士便說：「法軍那兩個女兵，在不造成她們困擾的前提下，每個人各憑本事。但是得以服役時間長短，依序展開進攻，等輪到你們時，大概我們已經回到法國了。」果不其然，不到一個月後，我半夜尿急去廁所時，看見我們裡頭的黑人中士巴利，正與其中一位美人徹夜聊天，他們的消息幾天後在我們之中不脛而走，原本幾位摩拳擦掌、想要違紀把妹的人，只得徒留一聲嘆息。再說，長官妻不可欺，否則

沒命回家去。

在外出日，巴士會直接將我們送到阿布達比市中心的豪華酒店，這次外出，長官臨行前給外出的人發了法國臨時護照，並千叮萬囑要我們保管好，別喝得爛醉，在舞廳跳舞時掉了，不然以後不會再有外出機會。

我們只有一天時間，週六中午十點開始，直到週日中午在一樣地方集合。酒店前不知道為什麼站了兩排非洲女士，看起來都很年輕，等我們一下巴士，離酒店距離大約一百公尺，這段距離內，充滿無數的性暗示，會被不經意碰觸手臂，也會有女生提出放鬆按摩服務，更不慎的還會被胸部迎面撞上。

到了酒店內部，裝潢如同電影《阿拉丁》場景，阿拉伯式樣的大地毯，還看得到昂貴的中東古董花瓶，如同皇宮般的宮廷設計。房間也很有阿拉伯風格，只可惜此情此景，只有戰友分享，醒來時只會有戰友睡在身旁。

街上沒有餐廳開門，想吃飯也只能選擇酒店裡頭昂貴的餐點，最後去了五星級飯店點了一客牛排套餐，晚上則去酒吧喝幾瓶啤酒，看著那些並不屬於我的繁華夜場。有些戰友抱著休假偶遇富家女的夢，有些戰友僅僅尋找一宿貪歡，然而又是幾家歡樂幾家哀愁。

在我第二次外出時認識了一戶台灣人家，我們從阿布達比駕車去參加阿拉伯本地的慶典，品嘗各個農場豐收採摘的椰棗。阿拉伯男子跳著凱旋的舞蹈，女人則戴著厚重黑色面紗，保護她們的面頰不被世俗所侵染。

阿布達比的知名景點之一：謝赫扎耶德大清真寺（Sheikh Zayed Grand Mosque），號稱是世界上最富麗堂皇的清真寺。

　　第二次特種訓結束，我們又能夠外出，這次司機在杜拜購物中心前下了車，時間是週六正午十二點，我們的自由時間直到明天下午兩點。在這座購物中心，連最優秀的菁英士兵都會迷路，有一次我在裡頭走了十個小時，還沒走完，可見它有多大。

　　這裡的人在沙漠裡打造出了一座奇蹟之城，四處都是正在興建中的高樓；這裡是世界上最大最繁華的商業中心，由不同的主題購物中心組成，在這商業中心裡，有著世界上最大的室內水族箱，裡頭有鯊魚在內的三百多種魚類，中士英林在這裡潛水，跟這些魚一同游泳；還有溜冰場、探險公園和著名的音樂噴泉等等。

　　在這座水族箱對面，有個女孩子搭訕了我，但不得不說，她的藉口不是讓人很有好感的那種。

　　　　　　　　　　如果那是夢想，再苦也要去

▌我與當地的小孩合照。

「嗨，帥哥你好，我同事說你笑起來很好看。」一位甜甜的女孩子突然過來跟我攀談。

「嗨，謝謝妳呀，妳也很可愛呀，是妳的哪一位同事呢？」

「那邊的那位印度男同事。」此時印度小哥正在往我這方向看，帶著暖意的微笑。

「……」

成為沙漠中的
唯一

　　第一次休假結束後就是為期三週的沙漠特種訓練。

　　我們做完城鎮攻堅訓練後，馬上戴上防毒面具去另一個房屋，裡頭也有埋伏等待我們的敵軍，我們得在炮火之中，學習拯救傷患。教官會指定我們其中一人受傷倒地，並指定他的受傷部位，我們得以火力掩護，然後把他帶到安全地帶，再快速以正確的方式對他施以救援。正如外籍兵團榮譽宣言：我們絕不能放棄任何一個同袍。

　　這名教官曾經是傘兵突擊隊隊員，已服役二十年，曾去過阿富汗。由於我們都是小部隊敵後作戰，人數非常少，而且離基地遙遠，傷患若是嚴重槍傷，並可能帶著肢體骨折，處理好傷口之後，他的生命就是與時間競賽。據他的親身經歷，傷患移送往往花上數個小時，當時他的四位戰友為了把負傷的他送至基地，期

154　　　　　　　　　　　　如果那是夢想，再苦也要去

間從未放下過擔架，他不知道當時他們怎麼做到的，但他們順利挽救了他的生命。

在任務中，戰鬥裝備再加上傷患，至少超過一百二十公斤，對任何人來說都是沉重的負擔。而現在的訓練，就是為了對別人和自己的命負責，因為在戰爭中誰都可能受傷。

特種訓練中有一段長達三十六小時不能進食、只允許喝水的強行軍，但是背包裡卻放了四大盒軍糧，就像讓飢餓的人負責運送食物，卻不允許他吃，背包如刀，感覺就要狠狠削下我的肩膀。我們努力前進著，眼睛望見沙漠裡翻騰的空氣，靴子裡燙得感覺腳已經熟了，原本起了幾個水泡，在昨晚扯下襪子之後直接弄破，每一步踩踏都是折磨，我的腳已從刺痛到毫無感覺。

除了我們，這裡沒有任何人，沒有任何生物。

不敢大口喝水，即使我無比渴望這麼做。就算喝了再多的水，也於事無補，只夠沾濕乾裂的嘴唇，等一下又會更加口渴。這時候不要跟任何同伴要水，不是不會有人給你，就算有人給你，你也不能拿，這種環境對每個人都是嚴苛考驗，當下他可能會幫你，但是你難保未來他會後悔。

天氣炎熱到連蠍子都縮進了沙漠深處，在乾燥的植物、枯死的植物旁可以見到大型動物的骨骸，難以分辨究竟是羊還是駱駝，路有「熱」死骨，沙漠早已帶走了牠全部血肉，殘破的骨頭是唯一生存過的痕跡。我已經到達了極限，如果人確實有極限的話。

到達集合點之後，我們要進攻法軍喬扮的恐怖分子基地，裡頭可能有人質。已經有一隊人馬嚴陣以待，四處布置了陷阱，高度模擬真實的情形，甚至還有地下通道，只等我們踏進去，馬上

就有炸彈爆炸。

　　這也驗證幾週以來我們在城鎮作戰中心學到了什麼，尤其當戰士處於疲勞狀態，還能有好的表現，那才更加貼近真實。因為我們永遠不知道，將會在什麼情景下遭遇戰爭。

不論快慢，那些苦日子終有結束的時候，度過這些苦，我們一定會成為更好的自己。

　　　　　　　　　　　如果那是夢想，再苦也要去

▍FRF2 狙擊步槍與我。

未能親身經驗的事，永遠不該太早下定論　　　　　157

模擬行動中擔任副駕駛，原來不用在沙漠行走、坐在
駕駛艙是這麼令人愉快的事情。

如果那是夢想，再苦也要去

近身格鬥

從在科西嘉島準備出海外任務時，我們就開始接受以色列近身格鬥術（Krav maga）訓練，假想街頭混戰的情況，練習如何以最有效的方式，在不同情景下有效打擊，不管對方持刀持棍棒，甚至多人群毆，都能夠全身而退。

但是學習格鬥的宗旨，不是讓人好戰，更非惹事生非的資本，而是讓人了解自己有能力做什麼，在特殊情況下保護所愛的能力。以色列近身格鬥術強調針對身體最脆弱的部位攻擊，例如眼睛、喉嚨、鼠蹊部等等，不是要我們學著如何與敵人空手打鬥，而是有刀拿刀，有槍不用拳腳，能跑則跑。旨在攻守合一，全力一擊之後且能順利脫身。

以色列近身格鬥術的一級測試，由美國下士英林親自執行，為時三個鐘頭，號稱傘兵版本的格鬥測驗。說穿了就是先進行大量體能訓練，目的把人體能量消耗殆盡，在最後體力瀕臨極限後，

▎通過以色列格鬥術訓練考核。

閉上雙眼，等張開眼睛的信號一給，馬上有人展開攻擊，在這種條件反射下，考驗的就是人體的本能反應，而你的反應也是實際發生狀況時，你將採取的行動。

通過一級測試只是這門武術的入門，若拿到以色列近身格鬥術證書，加上證明身分的格鬥護照，就可以在世界各地的以色列近身格鬥道館自由免費訓練三十天，也不失為一個變相旅遊的方式。

每次訓練都讓我感覺身體機能到了人生巔峰，我感覺自己的身體已經開發到了前所未有的地步。當然，這僅僅只是跟我自己比較而言，對於我們中士長而言，這些並不算什麼。

在做完考核之後，我正在拉伸手臂的肌肉，中士長問我在幹嘛？

「我正在伸展我的肌肉，現在手臂相當痛。」

「但是你得先擁有肌肉才能伸展。」

▍我的斯洛伐克同袍與我。

未能親身經驗的事，永遠不該太早下定論 161

沙漠與我

　　休假回到軍營，常是連外出的便服都還沒能換下，我們就已經趴在地上做伏地挺身，中士說這是讓人收心最好的方式。如果心裡還裝著情情愛愛，現在已全然不在，只剩下應該存在的東西——對戰鬥的渴望，和不該卻存在的東西——對上級的恨意。

　　在阿布達比期間，我們也與法國正規軍一起受訓，平常待在傘兵島久了，不知道自己實力如何？出來與其他部隊比較一下也是不錯。某次測驗武裝跑八千公尺，是我加入外籍兵團以來跑得最慢的一次，總共花了一小時六分鐘，即使我們在沙漠跑步，這種速度也很誇張，跑不到一半法軍已經很多人脫隊，美國中士英林要我們跑去最後面，所有人排成一列，激勵那些落後的法軍。

　　在傘兵八千公尺的負重測驗，得在四十分鐘內完成，穿著軍靴、戰鬥服再加上十一公斤重的背包。只要跑超過四十分鐘就會被說成廢物，並且得負責連上所有的雜務。

　　　　　　　　如果那是夢想，再苦也要去

▌法國外籍兵團第二傘兵團沙漠作戰連三排二班,於沙漠軍營前合影。

未能親身經驗的事,永遠不該太早下定論　　　　　　　163

測驗完武裝八千公尺後，下午就背著負重背包，頭戴鋼盔，穿著戰術背心和拿著 FAMAS 突擊步槍，進行團體障礙測驗，四十五分鐘之內完成才算及格。在槍響之後，以班為單位，跑進測驗用的建築物，裡面有許多特殊設計，先是匍匐前進，連爬帶鑽進入通風口洞，照著指定路線跑，一路上有許多障礙，需要團隊合作才能通過的平衡木、爬纜繩，再從樓頂跳下，各種高難度的動作等等，在在考驗體力和團隊能力。

受測的有四個班，三個法國正規軍班加上我們班，他們先跑，途中三個人中暑，最差的一班跑五十分鐘，四十八分鐘排第二，成績最好的跑四十七分鐘。後來輪到我們，只花二十二分鐘就完成。測驗考官表情誇張地說：「不可能吧！」下一句接著說：「啊……對了，你們是 2REP（第二傘兵團）！順帶一提，這個障礙跑史上最好的記錄是十八分鐘，是傘兵兩樓連幾年前創下的記錄，你們還有努力的空間。」之後我們又再做了一次測試，但這次額外帶上了一箱五十公斤的彈藥箱。

特種訓也在此時展開。前面幾週在書本學到的理論，現在到了實踐的時候，像是如何在沙漠中考察地雷、解決飲水問題，或是城鎮作戰中需要預防的陷阱、如何安置炸藥、用什麼導線、如何編排等等。

在外籍兵團所受的任何「特種訓」皆是以苦聞名，有時一天僅有兩、三小時休息時間，有時甚至沒有，這樣為期三週。我們永遠不知道下一刻要做什麼，但只要一個指令下來，我們都得設法做到。

每天都有大量的體育活動或障礙跑，其中一項是從三樓順著

　　　　　　　　　如果那是夢想，再苦也要去

電線桿往下滑，但電線桿並非在觸手可及之處，多半距離屋頂有一米之遠，儘管平常一米看起來不遠，但是要從三樓高往前跳再抱住電線桿，那種距離感絕對不同。其他部隊有許多人沒有完成，「放棄」對他們來說並不是大事，但對傘兵來說，是不可能的事。

我到達屋頂時早已因為攀繩、爬槓等一系列大量運用手臂力量的活動而體力透支，在這裡我沒有餘力思考，也沒有餘力緊張，只能使勁全力往電線桿一跳，小腿脛骨與電線桿撞了好一大下，但是沒有時間感受疼痛，這些測驗都是計時的，沒有人想要排在最後。更何況，若是在戰場上，我們無時無刻不在行動之中。

障礙跑結束後，接著是實際沙漠演練，我們要在沙漠待上兩週，當天所有人領取物資、背上防彈背心，快速整理好行囊，便由運輸用直升機送至沙漠深處，還是大半夜。行軍到了指定點，即使夜深，我們也得立刻開始偵察任務。在掩體後面的我，幾乎沒有任何食慾，剛開始的幾天我只吃得下水果軟糖和幾根能量棒。

接著幾天，有時候會突然遭遇敵人偷襲，沒能好好睡上一覺。警戒任務是難得能放鬆神經的時刻，只要負責警戒的人看好方位、確實回報，其他人就能趁機稍做休息。在這種大熱天，如果想吃個泡麵，只要把泡麵撕開加些水，放在太陽下不用十分鐘便可享用，但是在沙漠裡吃泡麵並不是很理想的選擇，因為泡麵需要水，泡麵的湯含有調味料及鹽巴也不能解渴，反而會讓人更加缺水。

在沙漠中最要命的時間是日正當中，下士的溫度表顯示五十八度的高溫，我們搭起遮陽布試圖抵擋炎熱，但是並沒有太大幫助，即使躺在人造陰影處，身體仍然大量流汗。瓶裝水因為溫度太高而難以入口，這時候下士表演了一項沙漠生存的必備技

未能親身經驗的事，永遠不該太早下定論　　　　　165

能——在沙漠創造涼水。先用浸濕的高筒軍襪套住礦泉水寶特瓶，接著在遮陽布之下找個不會日曬的地方吊著，一段時間後水就會變涼了。在沙漠裡，這真是神技！

為了抵擋酷熱，我們多半在夜間行軍，所有人排成縱列，每個人距離鄰兵超過十公尺，維持一線往前推進，途中有一位戰友倒下，在他倒下後，我們才發現早就少了兩個人。

沙漠特種訓期間的城鎮戰演練。

我們留下一個人照顧倒下的戰友，其他人則原路返回找失蹤的人——他們在上次休息之後就一直沒跟上，在沙漠某處睡得正甜，只是行軍途中的五分鐘休息，他們已經入眠，而且沒有人注意到。我們若是就這樣一直沒發現，把他們忘在廣大沙漠之中，等他們美夢初醒，發現沒人在旁，想一想還真是危險。

夜間行軍最讓人期待的便是早晨的紅日從地平線升起，沙丘的形狀映著光芒，陽光給沙漠染上了絢爛，這是太陽最友善的時刻。我見沙漠多嫵媚，料沙漠見我應如是。

如果那是夢想，再苦也要去

沼澤之歌

在阿布達比的最後時刻,新來了一批接替我們的法國步兵連,他們在沙漠裡的首次行軍,八公里的輕度行軍,全部二十六人,十二個倒下送醫,倒下的全是男生,其中有幾個女兵反而堅持了下來。十月的天氣已經溫和許多,比起我們來時動輒五十度的高溫相比,現在已經是秋高氣爽的季節。

回來之後,我與他們稍微交談了一會,他們一開頭就問我們在首次行軍時倒了幾個?我說:「沒有人倒啊!」

來阿布達比的四個半月,一開始剛好是伊斯蘭教的齋戒月,恰好又是最熱的時候,而我們進行最嚴酷的沙漠訓練、城鎮訓練、爆裂物訓練、三十六小時斷絕糧食的強行軍,緊接著攻堅行動……。在城市廢墟裡的屋頂睡了兩個星期,晚上隨時可能有假扮的敵人來襲。有時晚上,踏著緩慢沉重的步伐,唱著曾經屬於犯人的歌曲〈沼澤之歌〉(Le Chant des marais),在廣大的沙漠中,

了無生機的土地，鐵壁包圍著的生活，每日除了無盡的勞動，什麼都沒有，已經全然沒有生命的希望。歌詞確切反映了我們的心。然而一切都暫時告一段落，兩天後我們將坐上回法國的軍用飛機。

〈沼澤之歌〉這是首禁歌，在法國外籍兵團已經禁止傳唱，但是許多士官依然會把這首歌傳承下來。就如同所有軍隊傳唱的歌曲，它們都代表著一段歷史。我們就在軍營邊繞邊唱，不斷唱著這首歌，從清晨直至黃昏，再由黃昏直到夜深。

〈沼澤之歌〉寫於一九三三年七月至八月，由納粹最早的集中營傳出。根據軍事習慣，警衛要求被囚者唱歌，尤其是在通往沼澤的路上。在充滿強烈凝聚力的苦難環境之中，在脅迫下無止盡的勞力工作，即使身心遭受虐待，也保持希望。這首歌在各個集中營之間流傳了將近十二年，啟發了許多歌曲，直到納粹主義在一九四五年消亡。

於苦難中鬥爭、抵抗、保持尊嚴和希望之歌，在戰後廣為流行，常常能在反戰遊行中聽見。

遠至無限延伸大片沼澤地，
乾燥空心的樹木上，沒有一隻歌唱的鳥兒。
哦！困苦之地，我們必須不斷勞動。

在這個險惡而荒野的營地中，被鐵牆包圍，
我們似乎生活在大沙漠中間的鐵壁裡。
哦！困苦之地，我們必須不斷勞動。

　　　　　　　　　　　如果那是夢想，再苦也要去

腳步聲和槍響，哨兵晝夜監視。
還有鮮血、尖叫聲、眼淚與逃亡者的屍體。
哦！困苦之地，我們必須不斷勞動。

但是我們生命中的某一天，春天將重新綻放。
我們可以歌頌自由，親愛的。我會說：你屬於我。
哦！自由之地，我們可以在那裡再次生活，相愛！

未能親身經驗的事，永遠不該太早下定論　　　　　169

Part 4

每個人終其一生
都是善人

外籍兵團形形色色的人很多，
來自世界各國。
從他們身上我學會的是，
別輕易對人妄下定論。

三週
法語密集班

　　從阿布達比執行完任務回來時，我在自己的筆記本裡寫了一段話：「當我一閉上眼睛，就會看見廣闊沙漠，感覺乾燥的風吹拂臉龐，無論我在哪裡，沙漠生活仍然留在身上。」

　　任務歸來後，我們接著放三週的假期，原本我打算環法旅遊，一路向北最後到巴黎，在那裡報名法語補習班。先從科西嘉島搭船至馬賽之後，再搭火車去了蒙彼利埃，沒想到我不由分說地喜歡上這個南法城市，就決定不再往北走了，隔天就在當地的法國文化協會報名法語課程，開始學習法語之旅。

　　剛進去這間法語補習班，我也不知道收費情況，連落腳處都還沒找到，背上還背著大型戶外登山包。與櫃檯人員簡單自我介紹，隨後做了份試卷，測試了一下法語程度後，按照測驗結果應該得上 B2 程度的課，但由於適合我的班級並沒有開，這裡雖然學

　　　　　　　　　　如果那是夢想，再苦也要去

生不少，但多為基礎課程 A1 和 A2 的學生，接著就是 C2 班級，所以我幾乎沒有選擇的選了最難的 C2 課程。在法國學習法語，學費真的挺貴的，三週的課程要價三萬多台幣，但是我沒有太多選擇，畢竟只有短短三週時間。

除了主要的法語課程之外，每天下午還有法國文化課程、法國政治介紹、品酒、廚藝課程等等，都是小班制。

剛進入教室，我算是比較早來的，坐下跟同學打完招呼之後，在教室裡悠閒坐著，等待第一堂課的老師。那時，我是教室裡唯一的亞洲面孔，也是在場唯一的年輕人，置身國外的感覺格外強烈，直到來了一位日本年輕女生。她的妝容淡雅，穿著整齊黑色休閒西裝，內裡似乎是白色花邊的上衣，第一眼給人很舒服的印象，她的笑容燦爛，熱情地跟每一個人打了招呼。

那天，我有難得的好心情，在課堂上有個同是亞洲來的女孩子，處在異鄉的心，感覺稍微寬裕了些。

我們 C2 班只有六位學生，多為年紀偏大的退休人士，美國退休律師和他太太，另一名西班牙退休醫生，一名瑞典商人，最後一位則是那位笑容甜美的日本女孩。

課程內容真的很難，老師是位教學嚴謹的女士，有著傳統法國南方的口音，課堂上幾乎不講解文法和單字，只有偶爾遇到特殊情況才會提一下，因為到了這個程度，更多是需要閱讀量的積累，還有各種法語領域的聽力練習。有時候直接就發給每人一篇法語雜誌的影印頁，先讓學生輪流朗讀一遍，這時候她會仔細糾正發音。

在這裡上課，有種回到台灣的學校坐在教室裡聽老師上課的錯

上圖為法語班同學們一起午餐，當時去的是一間名為「番茄」的餐廳。
下圖是我跟加拿大同學一起領取法國文化協會的結業證書。

　　　　　　　　　　如果那是夢想，再苦也要去

覺，但是一別以往在教室裡總是沉默聽講，在這裡上課得學會勇於發言，每個人都必須發言，必須要用法語說出自己對某某事件的想法，大家都想用道地的法語表達，展現自己的知識水準。

上午課程一共三個小時，課間有十分鐘休息時間，下課之後，同學們也不急著走，教室外有任君挑選的法式甜品，還有幾款在地葡萄酒試飲，也是與同班同學拉近距離的好機會，大家變得如同參加社交宴會侃侃而談，有時候老師也會加入話題。瑞典先生邀我共進午餐，他說知道附近不錯的餐廳，不僅好吃又便宜。

很快的一週就過去了，日本女生也在這週結束了她的課程，但是我們也迎來了幾位新同學：朝氣蓬勃的英國大學生和外表冷峻的義大利女律師。

英國男孩知道我在法國當兵之後，說要跟我比賽伏地挺身。「可以啊。」他興致勃勃的樣子讓我覺得他還挺有意思的，但伏地挺身可是我的專業啊！

上完課後，老師極其善良的說：「週末我們就不分配功課了，讓你們好好享受週末，畢竟你們不會常住在蒙彼利埃，要利用時間到處走走看看喔！好好領略城市之美，也好好運用法語來交流吧。」

人約黃昏後，我和英國男孩約好一起運動，伏地挺身比賽他輸得毫無懸念。接著就說要去酒吧請我喝啤酒，進行第二輪比賽。殊不知啊，喝酒也是我的強項！

體驗法式浪漫

「愛情一字的拉丁文做 amor，起始於愛慕，終極於死亡，但在此前，是無盡的惆悵、憂傷、悲泣、欺騙、罪惡、懊喪。」——《愛情禮讚》

法國確實是個浪漫的地方，即使我的工作與浪漫毫無關連，但越是處於這樣的極端，人啊，如果不是變得冷漠無情，就會變得浪漫無比。因為平常時候感情沒有出口，生活處處受限，才會越發體會到，人與人之間交往的絲絲漣漪，許多人眼中平淡的事，對於我都是珍貴寶藏。

那名瑞典先生保羅，我們幾乎每天一起共進午餐，在街頭漫步，有一次還邀請我去他家喝葡萄酒。

「我的傘兵啊！你們這些外國人在法國當兵，聽著就有些浪漫主義的影子！」保羅這樣說。

如果那是夢想，再苦也要去

偶爾午餐行列也會加入其他幾位同學，我們人雖然不多，但是大家都十分開放善言，來自不同國家，說說時事，說說工作也好。文化差異處於我們當中反成了催化劑，讓我們更加融洽，每天幾乎都可以有數不完的話題討論。

　　在某種機緣下，義大利律師安娜成了我的好朋友，她是因為有個法國男朋友才到這座城市，並在這裡學習法語。她覺得我一點都不像軍人，反而像藝術家。我也不知道怎麼會給她這種感覺，我從沒有獲得這種評價過。雖說是軍人，一旦放假就是平民，大隱隱於市，我那藝術家造形，看來是取得了一定的成功。

　　我們討論的話題，總是纏繞於她與男朋友間的種種問題，大多數時候我只是個聽客，清官都難斷家務事，我又怎麼能對他人的感情提出意見呢？

　　雖然她剛開始與我說這些的時候，我也訝異，畢竟對她的第一印象是位冰山美人，真想不到竟然也為情所苦，而且心思全然只為男朋友著想，愛到深處而逐漸丟掉了自我。那時候她說：「我想要放棄在義大利的律師工作，到法國找份工作，雖然我那裡的薪水還不錯，也做了好多年了，但是如果繼續待在義大利，不知道如何才能維持這段感情。

　　「都是因為距離太遠，他需要我陪伴的時候，我不能在場。而且多數時候我們不知道對方在做什麼？不能投入對方的生活當中，透過手機的相處充滿著隔閡，總為此吵架。

　　「而且他總是說，我的態度太冷漠，他感受不到我的熱情。但是這就是我啊！不論是說話方式，還是日常習慣，為了工作需要據理力爭，我就是習慣把事情分析透徹，不涉入太多個人感情，

可能因為這樣變得不那麼動聽，但是那就是我。

「感情難得，所以我不想放棄。」她最後這麼說。這段話我深有所感，點了點頭，讚賞她對感情的看法。

又過了幾天，保羅還是邀我共進午餐，隱隱約約感覺他對我有些想法。因為他會有意無意碰觸我的手或是大腿！我也沒有想太多，就覺得可能是外國人對同性習慣不一樣吧？到了某次在街頭一起散步的時候，那時候我們正在小巷裡逛明信片店鋪，各式風情的明信片，有著名人佳句、風景名勝，還有些上面印著經典老電影。

保羅看著其中一張明信片說道：「在人生中，我在最好的年華，初次感受到偉大的愛情。那時候的我很年輕，也是因為年輕而不懂得珍惜。」在說這句話時，用的是男生的「他」。他看向我的眼神有點奇怪。

走完這條街後，他告訴我，他是名同性戀者。那瞬間覺得還挺驚訝，但是我回應他，他的性向並不影響我們的交情。

「不過我是異性戀，此生只愛美女，但是我也有同性戀的朋友，保持著君子之交。」我這樣說。

在某次下課，他邀請我有空去瑞典旅遊，到時候可以住在他的別墅，搭乘他的遊艇，然後向我展示在他手機裡的照片。他把手機遞給我時，他讓我自己翻閱他的相簿，不過才往右翻一張，我便強作鎮定把手機還給了他。第一張照片還是氣派的別墅，看得到大院子和外面裝潢，後面一張便是全裸自拍，看得到他在一面大鏡子前，拿著手機拍照，私密部位清晰可見。我猜他是故意的。

▍漫步在蒙彼利埃，欣賞小巷裡的風景。

每個人終其一生都是善人 179

我們走在人行道上，路還算十分寬敞，他卻貼著走在我旁邊，雖然我人大氣了點，不太拘小節，可是心裡還是覺得異常奇怪。果然，他在與我同行時，故意擺手碰了我屁股一下，我馬上轉過身面對他：「幹嘛？」

　　「沒有啊，不小心的。」他笑了笑便又裝作沒事。

　　這件事情後來我向安娜說了，她覺得十分氣憤，「這已經太超過了，如果他再進一步，那你可能有節操危機，而且保羅年紀比你大得多，這麼大的人，一點分寸都沒有嗎？」儘管大家平常在課堂上還是以禮相待，但是我也漸漸疏遠他。

　　以前我覺得他人還不錯，不過對事不對人，他這樣子確實給我造成一定程度的困擾。畢竟我把他當兄弟，他卻對我毛手毛腳，一點也不尊重人，我對他一點興趣都沒有。由於課程還在繼續，我不想與他撕破臉——只要他別再越界。

　　後來我發現英國男孩威廉開始遭殃，在大家吃飯的時候，保羅趁著吃飯空隙，有意無意碰他的手。這一幕有點莫名熟悉，威廉好像並不在意。希望神保佑威廉，並保護他的善良。

　　許久之後，我又得到了安娜的消息，她已經懷孕了，但是那名法國男友對她始亂終棄，她很難過卻難以釋懷，現在決定把孩子生下來獨自扶養。

靈魂的歸宿

> 「真正的紳士不提已分手的女人和已繳的稅。——這完全是
> 一句令人臉紅的大謊言。」——村上春樹

　　蒙彼利埃是個舒服宜居的小城市，大學眾多，光是學生就占
了居民的三分之一，有著歐洲第一所醫學院，也被法國人稱為「學
生之城」。市中心的喜劇廣場周圍，人群絡繹不絕，不管是白天
或是晚上，都可見到高朋滿座的露天咖啡廳及露天酒吧。

　　南法的居民比起北方更加熱情，大街小巷處處充滿人文藝術
氣息，建築物多以鵝黃色為主，古老卻充滿時代感。小巷裡常以
斑斕的彩帶做為裝飾，還可以看見許多有意思的壁畫藝術，有時
候連地板也有塗鴉，很容易讓人著迷，不小心就迷了路。

　　這裡的生活處處藏著驚喜，漫無目的閒逛一下午，在轉彎的
街角與某個人偶遇，然後墜入愛河。

日本女孩離開班級之後，我們就沒了聯絡，直到即將收假前。那天我跟朋友走在街頭，街頭藝術家正在演奏弦樂器，來來往往的人很多，但是我馬上注意到她，她佇足在街邊聽著演奏，聽得幾乎忘我，以致於我漸漸走到她身旁，她也毫無察覺。

　　「嗨，瑪莉。」我喊了她的名字，她嚇了一大跳，逕自後退了幾大步，手連拍著胸口，好像是遇到了什麼妖怪。

　　「你怎麼在這裡？」我們同時說了這句，然後一起笑了出來。

　　「我跟朋友出來逛街，妳呢？」我說。

　　「我自己一個人在外面逛街，最近法語課上得還好嗎？」她笑道。

　　「還好啊，但是現在課程好難，每天老師都給好多作業，我幾乎要崩潰了。」

　　「那裡的法語真的很難呀，那時候我也上得很辛苦呢！」

　　後來聊了幾句之後，我們就一起去吃晚餐，跟我的另外一位朋友一起。

　　那天離別前，我跟瑪莉互留了聯絡方式。雖然我的假期很快要結束了，最終我也得搭船回去科西嘉島，回到那與世隔絕的地方，繼續過著艱苦的部隊生活。在假期結束前一天，我約她一起看電影，當時看的那部電影叫什麼名字我已經忘了，只記得那天我們等到所有人都走出了影廳，我們就這樣坐在座椅上，一句話都沒有，沒有誰先提起「走吧」。

　　在我沒有訓練的時候，我們保持每天通話，總是不知不覺便聊了好久，像是許久沒見的老朋友，就那樣閒話家常，沒有什麼噁心肉麻的話語。晚上與她說話，彷彿成了我每天努力的原因。

　　　　　　　　　　　如果那是夢想，再苦也要去

距離是遙遠的，靈魂卻想靠近。那時候我們彷彿成了彼此最親近的人，我到哪裡受訓都會試著給她拍張照片，留段文字訊息，與她分享那些不曾與人分享的一切，哪怕那些照片、文字都沾上了我的孤獨、我的憂傷，以及我那無處安放的靈魂，而那時，它們彷彿都有了歸宿。

　　那時候的感情簡簡單單，比海岸的風還輕，比科西嘉島的海水更加清澈。

肌肉與武器口徑
成正比

　　假期結束後，我即將開始米蘭反坦克導彈訓練課程，培訓長達一個月，由俄羅斯排長擔任最高負責官，好幾個連隊派人參加這個培訓，一共有二十多位參加者。雖然法軍已經研發出最新的MMP反坦克導彈，但是還沒能配置下部隊，我們還是末代米蘭的使用者，早在二〇一六年就有人說很快法軍便會全面配置MMP，但是直到我退伍，我也沒有等到那一刻。

　　米蘭反坦克導彈是由射擊員目視瞄準，鎖定目標移動軌跡後射擊，搭配半自動追蹤系統，米蘭一式以紅外線引導，米蘭三式以信標標記，射擊員透過導線遠程控制導彈移動。有效射程三百米至兩千米，導彈離開發射台二十五米之後才可能爆炸，確保不會誤炸自己；另配有夜間紅外線瞄準器，讓黑夜作戰也如同白晝。

　　第一週在卡爾維進行理論課程，期間禁止使用手機以及其他

通訊設備，違者輕則寫檢討報告，重則退出培訓。

　　儘管我們在理論課階段，早晨一如往常進行體能訓練，強度比平常加大了不少，因為做為一個米蘭反坦克導彈射擊員，並不只是熟知理論知識和使用武器就能勝任，體能是最基本的前提。米蘭導彈手就像台灣俗稱的砲兵，非體能頑強者不能擔任。為什麼？因為肌肉與武器口徑成正比。

　　在台灣服義務役時，我很想去海陸戰隊，但是我們四個月役男不能自願參加，名額也就只有幾個，我的籤運不佳，抽到了一二〇迫擊炮兵。原本是很難過的，但是聽說砲操很累，而且「口徑大」，還是讓人開心了起來。那時候我總是自願做最苦、最累的工作，拿砲時我挑最重的砲座，在當武管班班頭的時候，我常利用所有零碎時間自我鍛鍊。有一次報告班長：「請問我可以在等還武器的時候做伏地挺身嗎？」班長一臉詫異，還以為我腦袋有問題。在晚上僅有的洗澡時間，每個人衝去澡堂搶位置的時候，我總是因為在房間裡做伏地挺身，最後才去洗，然後只能洗冷水。那時候房間裡戴眼鏡的一等兵還想電我，不過也只敢嘴上說說而已。「做的很多吼？等下讓你做到死。」如果他有那個能耐，隨時歡迎趴下來跟我單挑，到時候可以看看誰先死。

　　課程期間，早上是穿著軍靴長跑，要到真的跑不了了、腿已經不再屬於我，才能結束。運動完之後緊接著就是上理論課直到中午，有時候午飯前我們會再去運動一次，儘管早晨的強度訓練已經讓我們感覺全身痠痛。

　　某次武裝負重跑時，我沒有整理好十一公斤的背包，明顯感覺一邊輕一邊重，一千五百米熱身跑時就感覺不對勁了，但是

路過科西嘉島山間小鎮，我不是歸人，只是過客。

在裝甲車裡頭隨時得戴著頭盔，否則很容易被撞到頭破血流。

每個人終其一生都是善人 187

八千米正式測驗開始前，也沒時間再次整理背包，不平衡的負重讓我在跑的過程覺得下背部一直很痛。隔天測驗障礙跑，原本預計跑一次記錄成績就好，但是我們跑了三次。再來跟著德國中士庫魯斯跑步，他跑得像個瘋子，外加爬繩四次、做了兩百多下伏地挺身以及腹肌訓練，想展示給我們看他的體能有多麼好。

　　禮拜四早晨，天空微微飄雨，二連的中士帶我們去跑步，二連的長官很多是出了名變態，果然名不虛傳，跑了特別硬的路線，跑過了第二水塔，又繞去另外一座山頭上的聖母教堂才折返，一半以上的人都落在後面，我也落後到中後的位置，下士羅恩跑到我旁邊大喊：「衝啊！別忘了你是戰爭機器！」

　　週五我們跑了三圈跳傘區，中士庫魯斯就像台保時捷，三秒提速到時速一百公里，可是我是台產裕隆汽車，太為難我了，實在跟不上啊！他把我們當成德國軍隊來訓練，明明我們是現代的法國外籍兵團，他卻想沿用二戰期間納粹的訓練法，跑個步就算了，常常懲罰連滾帶爬，一下子學鴨子走路，一下子匍匐前進、起立蹲下或背起戰友跑步。

　　體能訓練後我們得上導彈課程，法語授課已經讓我很吃力，還有許多需要牢記在心的數據和理論知識，但是由於身體太疲勞，導致我們有些昏昏欲睡，在這種情況下還要吸收知識實在太難。

　　我也因此練就一身本領，比如無論多麼疲勞的情況下，都保持眼睛睜開，有時候即使大腦提醒我馬上要斷電了，但是理智會警告我，睡了會有可怕的下場。有些士官在課堂上看到有人睡著時，仁慈點的會讓你做伏地挺身至極限再超越極限；或是毫不留情地賞一巴掌，不一定他親自動手，有時候會要求左右兩邊的人

　　　　　　　　　　如果那是夢想，再苦也要去

代打，並且體罰全部的人，因為其他人沒有監督彼此保持清醒。再不然，拿來盛滿的水桶直接倒在瞌睡者頭上，再加上晚上不讓睡覺、罰寫檢討報告。

有時我真的累得瀕臨極限，我會拿筆戳自己的大腿，或者死命折手指關節，或是咬舌頭試圖清醒，哪怕我累得只剩下空洞的軀殼，靈魂已經不復存在。

在傘兵團，所有的訓練課程都很困難，尤其是重武器訓練，像是重型狙擊槍、重型機關槍、米蘭反坦克導彈之類等等，期末測驗都得扛著它們跑八千米負重。一般八千米負重跑都是全副武裝加上十一公斤的背包，還有我們最愛的 FAMAS 突擊步槍。期末測驗時，米蘭反坦克導彈就扛在肩膀上，米蘭導彈射擊員負責扛導彈發射台，一式米蘭導彈發射台重十六‧四公斤，常用的三式米蘭導彈發射台則有十七公斤重；米蘭導彈替補射擊員則扛米蘭模擬用導彈，也有七公斤左右。

這一趟負重長跑下來，體能好的累成狗，體能不好的，不會待在米蘭。

成為米蘭
反坦克導彈射擊員

「不被愛只是不走運，而不會愛是種不幸。」
——卡繆《異鄉人》

一週後接著是野外移地訓練，我們去到山上的訓練基地，在那裡進行實際操作，一旦遠離軍營，也代表著長官將更無法無天。

山上仍是滿地積雪，氣溫異常的低，我們沒有太多禦寒的衣物，在這種氣候環境下繼續訓練，一方面訓練體能及山地作戰，並同時熟悉反坦克導彈在各種地形的實際操作。

背著導彈不是一件讓人滿懷欣喜的事情，即使知道這是價值十萬歐元的武器設備，都難以滿懷感激地做這件事情，因為我們背上那些重量，在行軍時會把肩膀壓得毫無感覺，因此上半身近乎全麻是常態。

如果那是夢想，再苦也要去

非洲任務前模擬訓練，明明得適應沙漠高溫，卻是在雪地進行模擬，我們是外籍兵團成員，不論任何環境都得設法活下去。

日子過得緩慢無比，二十多位學員裡，已經有六個人已經因傷退出，連我當時要好的墨西哥朋友老夏，也在第一次長途行軍後肩膀受傷，幾天內右手完全舉不起來。另一位某特種部隊退伍後過來的荷蘭新兵，他也提出放棄，並不是體力無法負荷，說實在的，他的體能狀態強過多數人，連他也放棄，可見我們所面對的是超越人體極限的操練。但是長官不可能平白讓他退出，即使他已明確表達他不只是要放棄現在的訓練，而是打算放棄在外籍兵團當兵。長官回答他：「你會完成這個實習的。」他重新回到我們的行列中，從此之後上級抱著把他「整到逃兵」的態度對待他。

　　在實習中每個人多多少少想過要放棄，想拋下一切當個逃兵，但是想法限於腦袋裡，一旦說出口，那可就不一樣了。

　　跟我們排長一起訓練，爬山鑽道是常態，他沒拿太多東西，我們卻得帶上所有裝備。在這種行軍並且背上米蘭反坦克導彈的時候，有許多東西需要分配，比如誰願意拿無線電電台、夜視儀、夜視儀替換電池、導彈用氧氣瓶等等，即使負重只多出一公斤，等走了十幾公里山路後，就會發現那一公斤有多重，前後感受真是天差地別。

　　當時與我同組的還有個俄羅斯人和法國人，拿東西的時候我想義不容辭拿更多，但法國人卻搶過去說：「你包裡東西已經夠了，這個我來。你改變了我對於中國人自私的看法，我特別欣賞你，如果需要幫忙儘管說，你不需要獨自硬扛，你還有我們這些隊友。」

　　整個下午都在下雨，潛行到山上的射擊地點之後，我透過導

　　　　　　　　　如果那是夢想，再苦也要去

彈瞄準儀觀察道路，等待目標經過視野可見的地方。

在雨中等待數個小時，為了最終一刻的到來。目標來的時候，手指因為長時間受凍幾乎按不下發射按鈕，好不容易順利按下射擊按鈕，卻因為過度用力而一度偏離軌道，幸好後來的遠程操控過程中，慢慢導回目標，平時的訓練成功體現，順利命中目標！一旦結束射擊，接著得迅速撤離，因為若是有敵人，他們已經知道我們的方位，若是碰上俄羅斯 T90 坦克的反偵測系統，只要我們一對準它，四秒內坦克砲口就會自動轉過來對準我們。

行軍到轉換地點，換上紅外線瞄準器，在山頭制高點觀察一晚。隔天排長用無線電說：「山下徘徊著兩台裝甲車，它們裝備著感應器，你們之中選出兩位最優秀的射手，如果命中目標的話，將會有卡車在山下接你們回去；如果任務失敗，你們就得行軍回去。」

經過一夜未眠，一整晚透過瞄準儀偵查可疑地區，雖然沒有目標出現，但是一晚的強度警戒，使得我的肩膀痠痛，眼睛又乾又澀。早晨開始轉移陣地時，走在結冰的岩石上，才走兩公里多的時候就跌了一次，導致小腿脛骨腫了起來。我實在不想再走了。

所有人都已經疲勞不堪，我們之中推舉出的兩名射擊員，是冷靜睿智的義大利人和我，這時候被推出來，並不只為了榮譽，也是為了所有人。

為了提振精神，一到定點後，服役時間最短的人馬上生火煮咖啡，這次的咖啡粉分量遠比標準更濃，勢必要讓我們集中僅剩的所有精神，此時不容絲毫錯誤，只許成功不許失敗。

就位等了幾個小時之後，原本亢奮的心情慢慢被倦怠取代，

每個人終其一生都是善人 193

三天兩夜的行軍終於結束，此時我只想喝杯法國熱紅酒。

如果那是夢想，再苦也要去

但是往往這就是現實，我們永遠不知道敵人何時會來，可能苦等幾天都不見任何蹤影，我們唯一能做的便是耐心等待。恰如猛虎臥荒丘，潛伏爪牙忍受。

已經幾度開始打瞌睡，這時候目標才出現，心裡的警鐘立刻敲醒了我，潛伏多時的腎上腺素在此刻爆發，即便全身肌肉緊繃，但是心情始終沉靜。瞄準、操控射擊台、快速以無線電通知敵軍動向，最後確認允許開火。一發命中，馬上撤退，一刻不留。任務圓滿了，我們也終於不用走回去了。

在培訓接近尾聲的最後一週，我們幾乎沒有片刻歇息，除了學會操作米蘭反坦克導彈之外，還有許多理論層面的東西得記住，最重要的是，得熟知各個國家的坦克車及各國的武裝車輛——包含其來自什麼國家、基本數據、火力數據、乘載人數上限、有何弱點等等。這段時間得不斷看大量的坦克照片，還有上課提到的近百種武裝車輛，想辦法記住它們的特徵，直到透過瞄準儀偵測時能快速辨認出來。

另外，每個人得在模擬發射台至少打滿六百發模擬導彈，最後兩週平均每天測試六十到八十次，而且命中率得達到八成以上，才能成為合格的米蘭導彈射擊員——得到這份榮耀後，也代表著以後得常常在肩膀上扛著它。

瑪莉

「你以為世界上有壞人嗎？世上沒有與生俱來的壞人呀。每個人終其一生都是善人，至少是個普通人。只不過，一旦面臨緊要關頭，剎時之間會變成壞人所以可怕。也因此，絕不能片刻大意。」——夏目漱石《心》

在外受訓時往往與外界失聯，只能一心一意專注於訓練的內容。然而，等我回到營區打開手機，就會有瑪莉的消息，這使我疲憊盡失。

——「你還好嗎？」
我還好，沒有像在蒙彼利埃時那麼好，但是我在做的事情，是我一直想做的事情。
——「科西嘉島是不是很熱？」

如果那是夢想，再苦也要去

現在科西嘉島白天挺熱，但是晚上卻冷得不行。

——「我看了上次你推薦的電影。」

希望妳會喜歡，我覺得法國電影總是有點耐人尋味，不像美國電影總是有快樂結局。

——「看到這副美麗的風景，而我是一個人。」

哇！這是在蒙彼利埃的喜劇廣場吧！黃昏的蒙彼利埃真的好美，上天真是寵愛這個城市，如果可以我好想早點回去。

——「天空的雲好像外星人。」

天空裡有好多外星人，但是他們應該不會把妳抓走做實驗。要是他們想抓妳，我會保護妳的。

——「我又開始想念日本了。」

有時候我也好想台灣的家，但是我也享受在這裡的生活。畢竟這個地方，我們只會在年輕的時候待上這一次吧。

南京大屠殺的週年紀念日那天晚上，我打電話給她。這天，我一直感覺心頭鬱悶。

「妳知道一九三七年十二月十三日，發生了什麼事嗎？」我緩緩地說。

她一開始很困惑，說她不知道，但是當下我竟然也沒辦法從我嘴巴裡說出來告訴她，「南京」這短短兩個字竟然如此難以出口。經過一段時間的沉默，「南京。」她突然說了這兩個字。我非常驚訝，「為什麼妳會知道？」

這段歷史也寫進了日本的教科書，她告訴我。

我們接著繼續聊，但是誰也不敢談得太過深入，那時我察覺

她的聲音有些奇怪，她漸漸開始啜泣起來，哭著邊說著：「我討厭戰爭。」

在那個當下，我不知道該說些什麼。她接著問我：「你曾經說過，你也有機會上戰場，到時候為了完成任務，並且保護自己及同伴的安全，你也會殺人……？」

「對，我將殺害的那些人，他們都是恐怖分子。」

「那你做的事就跟當年那些日本人做的事一樣。」

「不是的，當我手執槍械時。我知道扣動板機、一槍過後，消失的是一條人命——他可能是無辜孩子的父親，一個孤苦女人的丈夫，也是父母親的孩子；這樣毀掉一個家庭，甚至會成為我往後人生永遠的自責。這不是說我不會做好軍人應盡的職責，死亡或是殺人沒有什麼可怕，但是當我掌握他人生死，我決不讓仇恨占據內心。」我這樣對瑪莉說。

這時候我想到曾經看過的一本書《張純如：無法遺忘歷史的女子》，看的當下我渾身顫抖，眼淚幾乎控制不住地流下來。作者是張純如的母親，因懷念女兒而寫下這本書。張純如因書寫南京大屠殺這段歷史而遭受到各方攻擊，有來自日本右派的恫嚇，甚至中方某些群體的質疑跟漠視。

張純如是著名的華裔女作家，出生於美國，父母親都是哈佛博士，從小便接受良好教育，原本人生應當一帆風順，而這段本該與她無關的歷史，卻逐漸將她打入了無法自拔的深淵，最後她用槍終結了自己的生命。

她當時寫的便是南京這段歷史，才讓歐美國家注意到日本人在亞洲戰場所做的暴行。然而記住這段歷史，並非為了引發仇恨，而是杜絕這種事件再次上演，讓往後的人能夠更正確面對未來。

要勇敢堅強，要懷抱夢想，擁有過激動與狂喜，也可以在路上獨自痛哭一回，最後不要忘記曾經的自己。（圖為蒙彼利埃街道）

每個人終其一生都是善人

下士萊佛

下士萊佛一早問中士庫魯斯：「明天我就要去做參加傘降突擊隊的體能測驗了，今天早上的跑步我是不是可以不跑，讓我休息一下，保持最佳狀態。」

「答案是不，只要還在排上的一天，所有的體能訓練沒人能缺席。你問這什麼瘋問題？」

今天由中士庫魯斯帶跑，儘管昨天早晨運動跑了十五公里，今天也不可能更少，這本來沒什麼大不了，但對於下士萊佛來說，就不一樣了。

這名法國下士是我們排上性格最為謙和的士官，是我房間的室長，每天晚上都看到他為了參加傘降突擊隊而自主訓練，還閱讀許多武器、戰術方面的書，利用空閒學習數學和電腦使用。

參加傘降突擊隊選拔的人得先經歷為期三天的測驗。第一天測驗障礙跑、伏地挺身、仰臥起坐、深蹲、負重十一公斤的背包

　　　　　　　　如果那是夢想，再苦也要去

和 FAMAS 突擊步槍爬繩，然後是游泳測驗。第二天負重十一公斤的背包，頭戴鋼盔，手拿 FAMAS 突擊步槍跑八公里。第三天繼續跑三十公里山路，當然一樣得負重十一公斤的背包、FAMAS 突擊步槍和頭盔。這是入門最難的考驗。若這些都順利達標之後，才開始為期兩週的選拔。整個測驗過程幾乎是不眠不休，就算有休息時間也不超過三個小時。

當我再次看到下士萊佛，他被打得鼻青臉腫，卻笑得很歡樂。因為他成功入選了傘降突擊隊了！錄取率大約十取一，但有時候一個人也不挑，有時一次挑兩個也有可能，端看他們在兩週選拔的表現。唯有把人逼至極限，才能看見一個人的本質，而來判定其是否夠格加入傘降突擊隊。

跨越國界的
刻板印象

「我們只崇敬真理，自由的、無限的、不分國界的真理，毫無種族歧視或偏見的真理。」——羅曼・羅蘭

在米蘭反坦克導彈培訓時，睡在我上鋪的是烏克蘭人阿瑟，他以前是名醫生，但是在烏克蘭從醫的報酬並沒有在法國當兵優渥。他平常總是抽時間給家人打電話，在休息時間，好幾次都看到他正在與家人講電話，表情總是難以言喻的幸福。

某次我問了他一個問題：「為什麼你那麼強壯？明明也沒有看見你多做訓練啊？」

他煞有其事地思考了一下，臉色一沉說道：「一九八六年。」

「嗯？那年怎麼了？」我感到不解。

「車諾比核爆就在那年，輻射導致了基因突變，之後我便只

需喝水就長肌肉。」抽了一口香菸，把煙緩緩吐成憂鬱的圈。他若無其事地說。

那是明顯的胡扯，但是看著阿瑟渾身強健肌肉，我也沒立場吐槽。離開傘兵團後再次見到他，已是我在做退伍離開的最後手續時，那時候我們都服役了五年，他看著我說：「兄弟，看到你沒事真好。」

他拿著手機指著照片裡其中一個小孩。「這是我剛出生的女兒。現在她都三歲了，我卻只看過她一次。上次回到家，小孩們看到我，就如同看見了陌生人，都認不得我了。而且原本這麼高的孩子，回去一看，身體足足長大了兩倍。你不會知道這幾年我到底錯過了什麼？接下來我打算把老婆、孩子們都接來法國生活，到時候在這裡隨便打份工，在醫院先從基層醫護人員做起也行，我不會再錯過陪伴家人的時間了。」

說到核電廠，再來說說另外一位日本戰友，名字就不便提起了。平常我對他的印象就是沉默寡言了些，還算是個好人，但他只跟日本人侃侃而談，在其他國家的人面前卻一言不發，第一次來找我講話是問我：「請問一下，你們排上的日本人在嗎？我想請他喝酒。」這日本哥們對我來說就是個沉默孤僻的人。

他這人相貌平平，臉上也從沒有流露出多餘情緒，是我們連上偵查排的人，平常僅有一面之緣，都是亞洲人彼此也更有印象。隨著時間久了，一起訓練時交談了幾次，他屬於重機槍組，是名符其實的一號重機槍手。另一名老資歷的西班牙下士說，當時在受訓的時候，整個排十幾個人輪流打靶，其他人打中的靶加起來還沒這日本哥們一個人打得多。

但是這樣的重機槍好手，在排上卻備受排擠、被故意欺負。連他們波蘭排長都特意排擠他，認為非我族類其心必異。都在外籍兵團了，這種情況理論上來說不應該存在，卻難以避免。

後來他逃兵了，我可以想見他在我們部隊不受善待的情況，他也為此做出了選擇。後來再聽說他的消息，是另一名日本戰友轉述，他已經到了南美洲，在那裡加入了更殘酷的地方，真正拿命換錢的傭兵場所。那或許是他最好的歸宿。而且，他曾經是福島核災後，進入核電廠的敢死隊志願者之一。不僅僅是不畏懼死亡，他那始終鎮定的神情，彷彿對周遭事物淡然。因為有些事，總得有人去做。

外籍兵團形形色色的人很多，來自世界各國，從他們身上我學會的是：別輕易對人妄下定論。

對人妄下定論本身並不可恥，很多人都會在自己無知的領域，做出短淺的言論，把看低他人當作提高自己的方式。而這些你隨意看輕的人，你除了他們如今的外表面容之外，事實上對於他們一無所知。而他們可能是那些真正的英雄，曾在你無緣見到的戰爭中拚上性命。

在部隊裡，許多高層會以貌取人，僅從外表判定一個人優劣。例如是不是長著討喜的白色皮膚，是不是跟高層本身來自同樣的地方等等。每個人多少都會對他人有些刻板印象，這很難避免，即便我們完全生活在一起，有時候也難免產生思想上的對立，因為意見不同而起摩擦，這些都是必須接受的。

我們這裡來自東歐的人非常多，甚至有時候用俄語比法語更加管用，有一些下士法語不好，做事的時候專找會說俄羅斯語的

如果那是夢想，再苦也要去

人，然後讓他們負責管其他人，而且他們有時候特別排外，久而久之這裡東歐的人就越來越多，其他地方的人越來越少。像是在傘兵團幾乎看不到黑人和阿拉伯人的存在，可能有，但也是百中存一，並且受盡歧視。

在我們之中，往往亞洲人也受盡歧視，但是因為性格刻苦的原因，即便吃盡苦頭也能撐過去，當然這些多餘的、不必要的苦頭，並不屬於任何人應該承受的。有時候在這裡的不舒適性也可看成一種海外社會的縮影，至少在法國時常是如此。

在外籍兵團其他部隊就少有這種情況，當我換到十三團時，最初就因為有很多黑人同事而吃驚。不過黑人也與其他人種沒有什麼不同，在十三團，我的室友就是名黑人，而且在部隊裡算是比較聰明的人了，他還是連級無線電負責人之一，其他戰友法語不好，許多事情常常得勞煩他——小如為同伴申辦醫療保險，大到替中士以上級別寫信投訴。他幾乎像是智囊一般的存在，不能說他是最聰明的，但是辦事確實可靠，而且是唯一法語母語者，還受過大學教育。在這個極不講理的地方，我們曾是少有的知己。

Part 5

人生是一場
崎嶇的旅途

當某個環境顯得與你相似時，
便不再對你有益。
——木心

聰明的人

　　人生是一場崎嶇的旅途，是開滿著帶刺鮮花的山間小道。大家都是旅人，在這一路上我們會遇見許多人，遇見許多風景，難免遭遇悲傷的情節，也有激情狂喜的場景。每段相遇都有意義，只是我們仍然當局者迷，未能旁觀者清。

　　在人事調動前，面見上士長是必經的一關，幾乎人人都會被刻意刁難，他是團裡服役最久的人，平常罵人絲毫不留情面，猶如機關槍般掃射，性格最凶。換團前，我來此交還裝備。在我前面的人才剛從辦公室出來，表情就像掉進糞池一樣，想必是被罵到懷疑人生，被罵到臭頭了。

　　「傘兵是個大家庭，為什麼你想要離開我們家呢？」上士長的語氣意外平靜，但我能感覺出來，他沒有要給我好果子吃。

　　「法國外籍兵團就是個大家庭，我仍然在家裡，只是換了房間。」泰山崩於前而色不變，我神色自若。打從進來辦公室開始，

我的所有舉動都表現得可圈可點，關門、走正步、敬禮，始終一副絕無僅有的標準好士兵的模樣。

「第一次遇見這麼會講話的亞洲人，要你當士兵真是屈才，你應該去當個軍官，因為你與法國軍官一樣花言巧語。」

在外籍兵團服役時，我很難理解像上士長這樣一直待在軍隊裡的人，畢竟在大量勞動，甚至多數時間都在不正常操練的情況下，凡是有點聰明、頭腦正常的人，都不會選擇繼續待下去。

「我不喜歡聰明人，那些以前跟我一起來法國的聰明人，沒有一個留下來的。」我想起中士庫魯斯的話，這句話本身似乎就表示了他自己並不聰明。

有一次我跟培訓認識的德國戰友談話，他正在執勤，手裡有槍，中士庫魯斯經過我們身邊，用德語講了一句話，我那個朋友表情本來就很嚴肅，聽完之後更是臉色一沉，我問他：「剛剛中士說什麼？」「你不會想知道的。」然後緩緩說了一句：「他叫我在你的頭上開一槍。」

在軍隊裡遭遇的人，有些是十足的混蛋，若是在一般情況，我一定不會想與其深交，甚至有些鄙視，即便不到想為民除害、恨不得殺之而後快的地步，也相差不遠。但某些情況下，一旦遭遇危險，或在任務之中，我會毫不猶豫為其擋子彈，而且我想對方也會為了我這麼做。無論如何，因為我們是同一個軍團的戰友，我以生命保證他們的安全，而他們也要負責我的身側背後。這是我在軍隊中學到的，不同於一般人際相處的道理。

軍隊有時不是個用常理思考就能理解的地方，尤其是人性。當然不是說只有笨蛋才會來當兵，但是仔細思考為何來部隊之後，

▍ 我的人生是一場崎嶇的旅途，是走在開滿著帶刺鮮花的山間小道。

就會明白這些人——我們這些人，每次在肩上扛著只要有些許理智就不會想嘗試的重擔，即便不堪重負，卻仍保持榮譽感，低首邁步如與魔鬼同行，這種行為本身便是極其矛盾。

　　其實我能理解為什麼中士對我如此不滿，因為正常來說，我已經可以去做升官培訓了，但是我卻想換團，哪怕原先的排長甚至以續簽三年為條件，要安排我去做中士培訓，我都不曾考慮。三年待在科西嘉島，有陽光沙灘相伴、跋山涉水的生活，已經足夠了。

　　　　　　　　如果那是夢想，再苦也要去

絕不後悔

　　我在傘兵團的時候，包含我在內的華人大約有十個左右，相較於外籍兵團其他部隊，算是少的。

　　我們連上在我來了之後，接著又來了兩位中國新兵，雖然我們彼此分在不同的戰鬥排，在總的來說已是傘兵團裡華人最多的連。不過在法國當兵不能總說自己的母語，不然永遠無法學好法語。只不過當大家舉目無親，我們算是少數說得上話的人，平常不在訓練的時候，也會互相鼓勵一下，坐下來喝杯啤酒、聊聊天。

　　兩名中國新兵其中之一，曾經在美國有份體面的工作，每天穿西裝打領帶。紐約大學畢業的他，離開學校後順理成章找到了一份報酬頗豐的工作，每年底薪十萬美金，還能享有分潤，在美國也算是很不錯了。但是他卻捨棄那裡優渥的生活，選擇離開辦公室，來到法國外籍兵團，還來了最艱難的傘兵團，拿著僅有過去薪水五分之一的報酬。

「我不後悔啊，因為在辦公室坐著不是我要的生活方式，與其盯著電腦螢幕一整天，做自己不愛做的事情，我更喜歡到軍隊裡面磨練，這才是有血有肉的生活方式。」

另一位新兵陳弟兄則是來自廣東，與家裡通話時，操著我完全聽不懂的廣東話。那時候他的法語很差，一起站哨的時候，我負責解釋命令給他聽，盡我所能幫助他，讓他不會因為聽不懂命令而被懲罰。但是他在我們三個之中，卻是最嚮往軍隊生活的一個，立志當個狙擊手，可惜被編排負責重機槍，想要換專長也沒能成功。幾年後，當我們兩個到了十三半旅，我在一般戰鬥部隊，他志願參加特種選拔，最終進入了十三半旅的特種單位，也是那個單位裡唯一的亞洲人。

眼前的苦不是罪，凡事得勇敢面對。陳弟兄以前做過讓一生後悔的事，所以他把這裡的生活當成餘生贖罪，並老是說著人不能忘本，既然生為華人，就不丟華人的臉；沒有吃不了的苦，那是信念，更是信仰。他在網路上的名字為「白起的浪漫」，在古代，白起是一個戰神；浪漫的由來是因為人世間充滿苦難，保持浪漫才能把一切看淡。

連隊裡的華人多了之後，除了有人一起用母語聊天之外，打架也有了助力，至少不會像以往發生打群架沒人幫忙的事情，若誰出了事，大家都知道。說這些話並不是鼓勵打架，而是不會任憑自己人被平白欺負。若不是軍人的料，那就任其逃兵吧！但既然成了我們的一員，戴上傘兵的徽章，那便是兄弟，不會任其孤立無援、任外國人欺負。

雖然我來自台灣，可是當時這群來自對岸的人對我還是很包

容，只有少數人總是喜歡把政治掛在嘴邊。既然已經到外國當兵，何必還談論政治？但若誰願意相談，我也從不避諱自己的立場。

一位華人兄弟吳鑫磊在二〇一六年退伍，同年退伍的還有另外一名黃中士，他們都為法國服役十年，十年都待在科西嘉島的第二傘兵團。

中士級別以上的人，如果沒有結婚，不在營區外面留宿的話，軍隊也有提供簡便的單人宿舍，讓他們可以不用住在部隊多人房，如此一來他們就能待在營區，每天只要下達命令，沒事就可以回宿舍休息。不過沒事的時候，大部分的人都待在俱樂部，傘兵團俱樂部的生意比在法國本土的部隊要好得多，一方面是因為我們確實需要酒精，另一方面是我們也沒有其他選擇。平常要外出很難，出去了也沒有事情好做，除了夏天之外的三個季節，卡爾維幾乎渺無人煙。

黃中士就住在軍隊的單人宿舍，我們說中文的一夥人，在週末時去黃中士的房間喝酒。來自大江南北的人聚在房裡，有些人帶來家鄉當地的特色酒，有些人買來俱樂部的啤酒，有些人則負責烹飪食物，一名戰友打著赤膊料理醬爆牛肉，幾個人負責撬開生蠔，都是海邊最新鮮的生蠔，直接可以就口品嘗，或是佐一點檸檬汁去腥。

那天黃中士說了很多感傷的話，兄弟間說話並沒有什麼矯揉造作，只有真性情的相待。那時候他決定要退伍，若是他再續簽，那年他就能升中士長了，可是他在巴黎有個家，家裡有等他回去的人，他的夫人放話：「若是再續簽，回來巴黎後就沒有家了。」所以他決定退伍。我們問他會後悔嗎？他笑了。

我最要好的墨西哥朋友，我們一起新訓、傘訓。他在服役
四年即將退伍前，人間蒸發了，我再也聯絡不到他。

「不後悔，做了這個決定，就算十年後我淪落巴黎街頭搬磚
頭維生，也不後悔。」

　　　　　　　　　　　　如果那是夢想，再苦也要去

我們
最接近的時刻

「我終將遺忘夢境中的那些路徑、山巒與田野，遺忘那些永遠不能實現的夢。」——普魯斯特《追憶似水年華》

在服役三年後，因為第十三半旅遷團法國本土，我也調到了這裡，剛開始這裡幾乎百廢待舉。團部所在位置地勢較高，氣候嚴寒，在十二月的寒冬，連下了三個月大雪，但是屋內並沒有暖氣，也沒有洗衣機，訓練完衣服容易髒，常常得手洗衣服，手指關節因為冷水幾乎凍僵。士兵居住在老式宿舍，許多設備都是壞的。

不過等到我調過來的時候也算比較晚了，幾個戰鬥連隊都編制完畢，不像一開始那麼缺員，面見人事管理的軍官時，我說我想來第十三半旅是為了出海外軍事任務。

所有部隊都調了許多人過來幫助組建十三半旅，多數都還是服役期較短的新人。由於十三半旅剛剛重建，全新的武器、裝備優先給了我們，還有許多出海外任務的機會也給我們，在創建一年後，幾乎年年都有出海外任務的機會。不過部隊也很奸詐，因為出任務薪水較多，一旦有人不續簽，那有機會外派時，就會被志願續簽但資歷較淺的人頂替。外籍兵團這幾年來也不像以往，上級會給出任務的機會做為退伍禮物。

　　這幾年，在十三半旅是年年有任務，反觀第二傘兵團，在我報到前，傘兵團剛歷經了幾次重大海外任務，正在休養生息的階段，從二〇一五年到二〇一八年幾乎沒有海外任務。比如我們傘兵排上的捷克人里比斯，已經服役超過四年，卻從未出過海外任務。我進入傘兵團的時候，里比斯是排上最資深的兵，也是他們那期傘兵唯一撐了下來沒有逃兵的人。

　　不過他最後也逃兵了，並在逃兵前運用所有人脈到處借錢，每個人借個幾百歐元，趁放長假時偷跑回捷克，從此不再回來法國，那時候我也是受害者之一，借了他五百多歐元。

　　原本服役四年都已經接近尾聲，想不到最後還是成了逃兵。這也是給我一個慘痛教訓，絕不能隨便借錢給戰友，除非已經做好借出的錢不會回來的心理準備。人情有時很珍貴，而有時卻一文不值。

　　就在出任務前，剛離開傘兵團的我買了一台 Nikon 專業單眼相機，花了近十萬台幣，對我來說是無比心疼的大筆開銷，不過我也期待著可以用相機，留住那些動人的時刻。像是在科西嘉島時，每每看到那些美不勝收的風景，卻沒辦法留下照片，真的很

　　　　　　　　如果那是夢想，再苦也要去

可惜。留住些風土人情也好，留住街道巷景也行，哪怕只能留住陌生人的一顰一笑、陌生土地裡的一草一木，那也值得。

不過那時我們幾乎沒有外出的時間，穿著軍常服並不方便。時常聽聞在山間小路，有些當地青年拿著大刀攔路搶劫，專挑法國人或是外國遊客下手，所以即便我們外出也得三五成群。每次外出都有人與當地人發生衝突，常常看到同伴的軍常服襯衫上淌血而回，可能是被當地的反抗分子所傷，或是與當地人搶女生而發生衝突，再不然就是酒精惹禍。

當時我是屬於士兵中的帶頭人物，雖然還沒晉升下士，即使成為下士，也算得上是資歷數一數二的人。至於我為什麼沒有晉升下士？在傘兵團的時候，新上任的排長相當喜歡我，預計讓我去做下士培訓。因為智力測驗的優勢，還有我平常的表現，當時我是第一順位。排長說我是排裡最聰明的人，希望我可以留在排上。我心裡想的卻是，如果在這裡順利升職，那部隊可能不會任由我換單位，當時我一心想去法國本土，能夠離女朋友近一點，為此我自願放棄了這個機會，同時也失去了安排好的醫療培訓。

原本與連上另外一位中國人約好，等我們一起完成醫療培訓，就一起利用假期去無國界醫生擔任志工，或者乾脆退伍之後加入他們，畢竟我們的軍事背景和戰地醫療技能，都是他們需要的，到時候可以獻出我們的一分力，也是很特別的經歷。

到了十三半旅之後，上級看了我的檔案資料、歷年評分都還不錯，我也已經服役三年了，於是再度被安排做下士培訓，不過這次我還是選擇了放棄，因為正是連隊出海外任務的時刻，所以又再一次拒絕了下士培訓的機會，畢竟任務可遇不可求。當時傳

冬天剛來，再過一個月大地便會茫茫蒼白，有些地方看過去什麼也看不到，只有冰天雪地。

喚我去做下士培訓的那名高階長官，說我若是不提早做，以後可是會後悔的，畢竟名額有限，萬一未來進到新單位，老兵有時會比新兵更不受善待。

　　他那一番話並沒能改變我的決定，即使一年後我明白了他說的話確實有道理，但是我也不後悔，不會改變我的決定。

　　有段時間我像是瘋子，每週五晚上穿上整齊的便服、噴好香水，拿著外出包出營之後，便獨自坐在卡爾維機場門前的木椅上，度過漫長寒夜的等待，冷得渾身發抖，同時還得害怕被巡邏的軍警認出來，因為週末去到其他城市是不被允許的事情。直到早上六點，趕搭第一班飛往法國本土的航班，雖然在外面露宿一晚後的狀態很差，但是一想到很快能夠見到思念的人，便覺得當下才是真實的活著，只感到開心、興奮得沒有任何事情能夠比擬。

　　她隨便說的一句再普通不過的話：「從此以後我們都要在一

　　　　　　　如果那是夢想，再苦也要去

起喔。」便贏得了我的所有癡情，簡直病得無以復加、無可救藥。我們在一起的時候，她從來沒有來過我的城市，而我總是為了與她見面而奔波操勞，因為見不到而睡不安好。想方設法要在一起，卻忘了感情要彼此珍惜。當情感天秤一端太重、付出太多，另一端卻不想努力，感情失去平衡，會從一開始的兩情相悅，到情難自禁，最終無法收場。

後來，我終究如願調回法國本土，當時志願換部隊，很大原因也是因為有這段感情，為了能再靠近她一點點，來到鄰近她的城市。從十三半旅到她的城市，僅需要一個半小時車程，那將會是我們有史以來最接近的時刻。在我歷經千辛萬苦，終於成功換團，我們卻分了手。

「我不愛你了。」如此簡單的話。「我愛過你，聽著你的聲音讓我感覺安定，聽著你的故事，為你操煩擔心，愛過已經足夠，往後不要強求，我要走了，沒有你的日子，生活還會繼續。你要好好的，不要再和我聯絡。」

很久之來，我一直想不通，為什麼人的感情會改變？再後來，答案也不那麼重要了。在出任務前某一天，儘管生活在鄰近城市，我們卻已經不再連絡，彼此開始新的生活。我看見她的臉書背景照片換成科西嘉島的海灘，她去了我曾待過的地方，走我走過的路，看過我熟悉的風景，我們卻早已不是我們。

另一種法國

　　第二次海外任務目的地是馬約特（Mayotte），加入 DLEM
（Détachement de Légion étrangère de Mayott）執行為期四個月的任
務，很幸運的是，我來十三半旅不到半年，就能參與海外行動。
不過原本連長計畫讓我去做士官培訓，但是我自動請願出海外任
務，於是就把我暫時安排到了第三連，填補他們人員的不足。

　　當飛機飛過非洲大陸，一片茫茫大海中逐漸映出蔥綠色島嶼，
我們遠離親愛的女友、老婆、孩子，遠離法國來到名為馬約特的
島嶼群，與非洲大陸僅隔一道海峽，鄰近馬達加斯加。這裡原先
是法國海外殖民地，民族自決後許多法國殖民地漸漸獨立，而馬
約特的人卻選擇依附法國，在全民票選後，正式成為法國的海外
省分。

　　下了飛機之後，等待我們的是法國軍用卡車，這裡不同於沙
漠，馬約特的氣候極其濕熱，動不動就讓人流滿一身的汗。我們

　　　　　　　　　　　如果那是夢想，再苦也要去

從機場到軍營途中，村落沿著沿海主要道路排列，當地房屋略微簡陋，而且到處垃圾遍布，顯然當地沒有太好的公共衛生系統。當地的人看到我們，都顯得十分熱情，還有小孩追著我們的卡車，但這並不一定是好事情，因為他們這樣對軍人熱情追逐，就曾導致小孩不慎被軍用卡車輾過的憾事發生。

這裡主要有兩座較大的島嶼，用法語來說便是大島與小島，和另外一些零星小島。人口組成除了本土居民之外，有近三成的移民，僅有少數來自法國本土，絕大多數都是黑人。常常可以看到婦女臉上塗著咖啡色的稠狀物，據說有面膜奇效。在物質生活和公共建設方面，雖然趕不上法國本土，但相較於鄰近國家要好上太多，因此鄰近許多國家的人為了更好的收入，常想盡千方百計來這裡，導致偷渡客絡繹不絕。

此外，這座風景優美的非洲小島，沙灘、棕櫚林遍布，此處的海域還有海龜的蹤影。某次在海裡游泳時一隻海龜從我身下游過，當時我第一反應還以為是鯊魚，頓時半身都涼了，幸好只是虛驚一場。

當地最缺的就是醫生，據說每年都有法軍染上傳染病而死。在這熱帶地區，陽光充足，四季有雨，有著許多奇特物種，也伴隨各式各樣的疾病。雖然來此之前我們每個人都打了疫苗，但是對於這個地方我們仍然一無所知，我們只知道絕對不能夠像在法國野外時，隨便席地而睡，因此出發前每個人都買了吊床，還是有口碑的軍用戶外防蚊吊床。

當地多數人為穆斯林，每天早上五點要進行晨間禱告，所以我們軍人需要早他們一步，每天早上四點半鐘起床，以防不時之

▌馬約特當地人生活的樣子，有些地方是更加簡陋的房屋。

需。即便早起，休息時間並沒有因此變多。除了穆斯林外，當地也有些許泛靈論者，以馬達加斯加移民為主。

　　這裡不僅是法國人的度假天堂，也有許多法國人會到這裡安享晚年。島上夜間生活極為豐富，不知道是不是受法國文化影響？我問過幾個當地人，他們清一色說道，白天無事可做，就等晚上跳舞。晚上飲酒作樂、跳舞尋歡是居民唯一的娛樂。喜歡海島風光、人文攝影、海上運動、野生動物的人，這裡確實是不錯的選擇。當地許多優秀學生會到法國本土求學，但並不是所有人都有這樣的機會，普遍來看教育水準仍較低。

　　因為四周環海，排長問了大家誰想去學開船，這裡有專業的教學機構，但是學費需要全額自費，並且不能保證我們有時間去

如果那是夢想，再苦也要去

上｜馬約特的原住民小蜥蜴，探頭的樣子像是對世界充滿了好奇。
下｜讓多數人敬而遠之的大蜘蛛，卻被來自紐西蘭的戰友放進了口袋。

學。我是志願者之一，這麼有趣的事情當然不能錯過！下士登記了志願者名字，然後順勢收了學費。

營區的宿舍八人一間房，室內掛著舊式吊扇，門口斜坡上種植著幾棵椰子樹，時不時就有椰子掉下來。營區位於港口旁的高地，可以看見海岸，也可以看到來往的當地居民們，然而營區周圍遍布鐵絲網，我們也不能隨意外出。

在我們初到時，當地出了一點事，居民發起多起抗議活動，導致許多地方直接被封路，他們的封路方式比其他地方來得粗暴簡單許多，直接把大樹砍倒攔路，山邊小路輕易就被堵住了，地方交通因此癱瘓。即使我們能夠外出，也只能在小島上逛逛，去大島是不被允許的。況且，三連連長是位規矩特別多的人，沒有事也會千方百計刁難我們。舉例來說，我們來接班時，第二步兵團要外出可以隨意穿著便服，而到了我們，若少於五年服役期，就必須穿著整齊軍常服，就連站哨時也不例外。在這裡待了許久的老士官說，這還是他在這裡十年以來第一次所見。在非洲這麼大熱天還穿著整齊襯衫站哨升旗，這不是作秀嗎？還有更重要的一個原因，就是穿著軍常服很難打架啊！

如果那是夢想，再苦也要去

來自遠方的人

在營區裡沿著山坡往上走，走過集合場之後有條小路，一路往下直到海邊，這裡便是外籍兵團海訓中心 CIAN（Centre d'Instruction et Aguerrissement Nautique à Mayotte），也是我們進行海上訓練和兩棲訓練的場地。

在這裡我們進行各種海上訓練，幾乎早上、下午都得穿著軍裝長泳，還有適應在海岸地形戰鬥、各式繩結運用、熟悉操作橡皮艇、搶灘登陸戰等等課程。第一堂課是適應課，搭船到近海，二話不說就讓人下水，我們還穿著戰鬥制服，腳下則是運動鞋，得先學會長時間於海上漂浮，在海裡保持集合隊形，然後還得通過各式操作，之後則是潛泳及海上快速移動。運動鞋濕了也沒時間晾乾，隔天繼續穿著濕鞋進行訓練，雖然每個人都有兩雙鞋替換，但是這並不夠，運動鞋幾乎沒有乾過。

在海裡擺出集合隊形不是一件容易的事，軍裝和鞋子吸水後

巨重無比，維持頭部在海面的姿勢，水下的腳會不斷踢到人，也不斷被踢，被踢會痛倒無所謂，比較痛苦的是每被踢一下，就得吃一口海水。

有時候會在沙灘上進行格鬥特訓。柔軟的金色沙岸，即便前後撲倒也不怕受傷，可以大展拳腳、有仇報仇。

接著是基本的橡皮艇操作和相關的訓練內容，濕的衣服穿了一天，下水無數次導致小腿抽筋，痛得我都跪了，幸好當時在淺海，跪在海裡還能自己揉幾下小腿肌肉，在肌肉上打幾拳再繼續訓練。自己選的路，跪著也得走完。

第一次在海灘抓走私，原本以為只會是場演習，想不到剛好看到一艘船鬼鬼祟祟，對方一看到我們的船，馬上就加速離開，明顯做賊心虛啊！我們緊跟在後，看到他們上岸之後，一群人做鳥獸散，還帶著一袋一袋的物資。四散確實是個更好逃離的主意，但聽見一聲槍響過後，多數人還是停下了腳步。那一槍其實是空包彈，有些人仗勢著手腳輕便，試圖跑進山裡。我們留下一隊人馬看守船隻，其他人分成幾個小組去追，剛開始有些人還想拿刀、拿槍拚命，不過被我們幾挺步槍指著，也就自然把手放到了頭上。

這些走私販對我們來說是很頭痛的問題，我們有權力抓捕，但是一般來說這不歸我們管，而是法國軍警管轄範疇，因此我們不會對他們做出過激行為，只要把人帶給法國軍警就行。

絡繹不絕的偷渡問題不斷發生，但我能理解他們的選擇。基於人性，誰不想過上更好的生活？去更加便利的地方呢？若是我在他們的位子，一個月的薪水只夠買雙鞋，吃飽穿暖都成了問題，也會鋌而走險的。

　　　　　　　　如果那是夢想，再苦也要去

外籍兵團在馬約特的這支部隊，主要任務的一部分是保護法國國家領土和戰略設施，並確保海域安全，從而參與打擊海盜的行動。有時候還有與非洲軍隊交流的機會，甚至到馬達加斯加，白天訓練當地軍人，晚上則受當地人設宴款待。對於馬達加斯加人來說，加入外籍兵團就是翻轉人生的好機會，而且他們還有語言優勢，所以許多年輕非洲軍人常常私下問我們如何入選、外籍兵團生活怎麼樣，還有最常問的薪水問題。

　　馬達加斯加人有些膚色淺棕，有些人則略為黝黑，許多人具有明顯的亞洲人特徵，寬鬆黑直髮、黑色眼睛、小巧的鼻子和薄唇。多是以前在南島語系擴張時，遷徙過去的東南亞人，還有來自非洲東部以農維生的班圖人混血後代。這裡還有許多中國商人，在二戰過後，從南海漂流到了馬達加斯加，最後娶了當地的黑人，在此落地生根。有名馬達加斯加孩子特地告訴我，他是中國人的後代，但是他不會說中文。

上｜行動結束後回程的船上，船上掛著法國國旗。
下｜滑橡皮艇比賽，我們這組拿了第一。

如果那是夢想，再苦也要去

上｜與馬達加斯加當地婦女的合影。
下｜除了比 Y 之外的拍照動作。

人生是一場崎嶇的旅途　　　　　　　　229

中士之死

　　在受訓的時候，一般由下士帶著我們上課，但是這些下士多半經驗不足，很多都是緊急通過培訓，然後馬上就來頒布指令，甚至上課傳授經驗，這與在傘兵團時，下士多半超過五年服役期截然不同。

　　這些下士很多都是和他們管的人一起受訓，有些人運氣比較好，先做了培訓才晉升下士。在那裡，很多問題也因此而起，雖然服役期長短不一定代表了他是個好戰士，但仍是一個很重要的衡量指標。包含下士在內，服役超過五年的人屈指可數，也就是說在十三半旅內，服役時間比我長的不超過十個，這也是因為十三半旅剛組建的緣故。

　　上射擊課時，在「校槍」這個環節，在場所有下士都說錯了一個關鍵，我當下驚覺有誤，不過所有人都將錯就錯，說他們就是這樣學的。後來我還特地去問了另一名擅長精準射擊的下士，

才證明我才是對的。

某一名下士總是安排我與另外一名中國人做雜事，即便當時我的服役時間比他長得多。剛開始我覺得怪怪的，後來有一次他要我去掃廁所的時候，我直接抓著他的領口想問個清楚。在這之後，排上所有的下士大約八個人，一口氣衝進我的房間，把房間所有人都叫了出去，只留我一個，他們先對我說道理，接著想打我一頓，說我太鋒芒畢露。

後來我與一名中士扭打在一起，他先是打了我幾拳，還有一拳準確打在我的喉嚨上，讓我瞬間難以呼吸，然後我們越打越烈，最後被一擁而上的人拉開，這事才告一段落。

那天晚上我沒有睡覺，被罰打掃廁所一整個晚上。後來那名中士叫我停下：「這次我跟所有下士說了，你是個老鳥，不要把你跟新人混為一談，你也要證明給他們看，你這幾年學會的東西比他們多。如果你不服，我專治不服，如果你想要有話語權，你得先有軍階。」

在一週之後的行動之中，這名中士不幸喪生。那時，軍隊與當地巡警組織了一個抓捕行動，放寬原本在海岸線上杜絕偷渡的巡邏防線，而我們則守在島嶼上偷渡客常走的幾條路線上，每天晚上轉換位置，為期一週。

混跡在無人島之中，在這裡有許多野生水果樹，可能是以往偷渡者種下的，長滿了可以食用的果實。走了半天時間，走到島嶼南峰的位置，附近多是陡峭的山路和茂密的植被，五人小隊裡有兩人留在昨晚露宿的偵查點，我們則是徒步經過這片越高越茂密的植被。在這裡很容易迷失方向，所以每前進幾公尺，帶隊開路的人，

便得設法在樹林密布的地區找尋稍微好走的路，再用手上的大砍刀，往樹幹兩個不同方向砍幾刀，在途經的樹上留下痕跡。

其中一天，我們露宿在一片野生西瓜田中，雖然西瓜品種跟以往食用西瓜不盡相同，最大的僅有不到一顆排球大小，而且不像是市場買的西瓜那麼甜，但是在無人島上，那也是很難得的了。為了不引人注意，我們不被允許生火，伙食來源主要就是平常吃的軍糧，配上一些野外採的小辣椒——因為天氣實在炎熱，我們喜歡吃辣散熱，常常一口辣椒一口軍糧，或是帶上一小瓶當地特製辣椒醬。

白天也常常見到比手掌大上兩倍的蝙蝠，還有些小猴子、小蜥蜴、小蛇一類的動物，有些山路上還有香蕉、檸檬、橘子等等的水果。在這缺乏營養的地方，黑人戰友自豪地擠了半小瓶的檸檬汁，說是豐富維生素來源。我常想若是把我們丟在這座島嶼上，應該也能設法生存下去。

行動終止前一天晚上，我們守在懸崖邊上，一週以來都沒有偷渡客的消息。看著星夜映在平靜的海面上，同時旁邊放著無線電，若是有任何動靜，隨時能聯絡到作戰指

　　　　如果那是夢想，再苦也要去

中士宣告死亡的清晨。在這懸崖畔，一邊是海，一邊是湖，人若有靈魂，
希望他的靈魂能棲息在這塊淨土。

人生是一場崎嶇的旅途

揮部，還有沙灘附近埋伏的隊伍。

原本應該是這樣子平靜結束任務，但事與願違，那天晚上接近午夜時，平靜的海面終於有了一絲動靜。

在夜色的掩護中，遠處有隻小船從海平面慢慢駛來，若不細看很難發現。負責站哨的人很快用無線電打了報告，然後把我們叫醒，此時，突然看見手電筒的光芒，從離我們不遠的懸崖照過來，一陣一陣的手電筒光芒彷彿在打信號，中士馬上鑽出他的睡袋，連忙穿好鞋子，連褲子都還沒來得及穿，只穿著一條內褲、拿著槍就往光源衝了。

我們隨後追上，直到接近對方，對方聽見我們的聲音後連忙往後撤，然後我就聽見幾聲狗吠，是他牽的一條大狗，追了一段路之後是連續的陡坡，得小心翼翼徒手爬下去，突然聽到一聲碰撞聲，似乎有什麼東西撞了一大下。

凌晨兩點，另一位黑人戰友不斷叫喚，原來是中士墜崖了。最初，他仍然保有意識，因為疼痛而不斷呻吟叫喊，身體多處出血，可能也有多處骨折、腦部出血，手臂甚至突出了一截骨頭，清晰可見。

那天我們試了所有方法救他，先給他簡單包紮止血，不過海水一直在漲潮，我們幾個人把他弄上擔架抬到淺灘，有人不斷跟他說話，要他堅持下去，不久，前來支援的消防隊、救護人員也來了，但是地形實在不利於輸送傷患，救援直升機沒辦法在這裡升降，最終他還是沒能挨到早晨，再也看不見太陽升起。

幾天後，有漁民在海邊撿到了中士墜崖時掉落的槍，把它送回軍營，經過幾日海水浸泡，已經稍微生鏽。

如果那是夢想，再苦也要去

連月地震

　　從五月多開始，幾乎每天都能感受到好幾次地震，有時候輕微晃一下，有時候強烈到整個建築都在搖晃，天花板上的電風扇搖搖欲墜，衣櫥都倒得七零八落。地震對於大多數人來說都很陌生，不過對於台灣人來說，並不是什麼新鮮事，畢竟台灣位於地震頻繁的板塊接觸帶上。但是那段時間的地震頻繁程度還是讓我吃驚，一天下來有感地震數十次，甚至半夜被搖醒，軍營裡一點也不安寧。

　　期間常能聽見清真寺的廣播，呼籲這段時期在家很危險，讓人不要待在家裡。在軍營以外，許多民眾在馬路上打地鋪睡覺。儘管沒有太多災情發生，但是這裡的多數建築根本不符合抗震標準，很多僅是簡單的鐵皮屋，像是台灣早期的許多違章建築；哪怕是水泥房，在地震過後也常出現裂痕。慶幸的是這裡沒有高樓，否則後果將不堪設想。

因為地震，我們被迫搬離建築物，好長一段時間
都睡在帳篷裡。

　　地震後我們展開修復工作。原本軍營裡，牆壁上就常見龜裂
的痕跡，地震後更為嚴重，我們必須挪出原先的休息時間，重新
粉刷牆壁，沒有壞的地方也得全部粉刷，甚至連軍營裡石頭堆砌
成的圍牆，也得把那一顆顆石頭全部漆白，然後在軍隊中找個有
繪畫天分的士兵，在粉刷好的白牆上，畫上連隊特有的標誌。

　　除了粉刷的任務，前往海訓中心的通道、那木頭做的小橋因

　　　　　　　　　　如果那是夢想，再苦也要去

地震損壞，我們被下令連續三天到沙灘挖沙，裝滿沙袋之後，還得人工扛回。裝滿後每個沙袋都有二十公斤重，一趟每個人得拿兩個，再用沙袋堆成樓梯，取代原本的木板。

不僅是地震後的重建，每隔一段時間我們會在海岸旁集合，清掃漂流的浮木以及成堆垃圾，這項工作讓我們對海洋有了更深的認識。城市的人啊，若親近海洋，請聆聽它的聲音，它早已不堪重負。人們引以自豪的工業發展、食衣住行育樂、那些排放的有毒廢水、那人隨手一丟的垃圾，都終將流向大海。若沒有做過這份工作，我真的很難想像隨便在蔚藍的印度洋海岸，僅需幾天，潮汐之間竟會帶來這麼多的垃圾！海洋污染終將是不可逆的損失，這會對人自身健康與環境造成何等危害。

「More Majorum」，這句拉丁語寫在我們自製的拱門上，意思是「跟隨先輩的傳統」，你將果斷服從，你將大膽進攻，你將堅忍不拔，如同外籍兵團的先輩。

這句座右銘於一九四〇年二月二十五日首次出現在外籍兵團中，馬格林·維納雷（Magrin-Vernerey）中校的第一號命令，命令成立新的第十三半旅。在這裡，山地作戰小組的軍官、下士和兵團成員都是部隊中的精銳，為榮耀而戰。鋼鐵的紀律和緊密的連結，鞏固兵團戰士之間的團結，不管你來自何處，都與同伴有著如同家人的連結。

馬約特的
化外之民

　　在馬約特島上少見華人的蹤影，這裡的華人人數應該不到十個。有次在當地夜店跳舞時，一位黑人女孩子告訴我，她的姐夫就是一位華人，當場就邀請我去她們家，我們因此交換了電話號碼做為聯絡方式。然後某天我看見留言，那女孩子邀請我去她們家跟她姐夫聊聊。

　　隔天，我不疑有他，跟著另外一位華人戰友一起赴約，目的地就在酒吧後面的街區，走了幾百公尺，越加深入居民區，這裡的房屋比起路邊可見的房屋更加簡陋，許多地方簡直是家徒四壁，依稀可猜測家裡情況。去別人家裡作客，不管風俗如何，空手而去總是顯得失禮，於是我們買了兩大罐汽水。

　　那個在夜店遇見的女孩子就站在街口，遠遠的就朝著我們招手，看到我們來訪顯得很開心，特地換上了鮮豔火紅的穆斯林袍

子。自從我們走進街區之後，不停有居民以詭異的目光看著我們，彷彿初次看見異鄉人進入這個區域，顯得很新奇。在當地我們也算是奇裝異服的代表了，出外依然得穿著軍人服飾，否則不被允許外出。

　　穿過從一大堆由石磚瓦片胡亂堆砌而成的建築，這裡有間略為顯著的褐色鐵皮屋，我們從其中穿過去，狹小的通道僅夠一人穿行，有些當地黑人小朋友張大眼睛看著我們。來到目的地，邀請我們而來的黑人女孩子請我們坐在兩間房屋之間的空地，這裡有幾張類似漂流木打造的椅子。

　　接著她就去叫她的華人姐夫起床見客了，這也是我們此行主要目的。他鄉偶遇說著一樣語言的人也是種緣分，她的姐夫跟我們寒暄幾句，接著老婆、孩子也一起出來見客。由外表來看，他應該稍微上了年紀了，雖然不知道為什麼流落至此，獨自一人在這裡有了家庭，孩子仍小，老婆則是當地的黑人婦女，家裡賣著一些簡單的糖果玩具。

　　那黑人女孩子不斷對我遊說，說這裡是多麼美麗的地方，令人流連忘返；還說我那憋腳得不得了的舞技很可愛、有獨到之處；再說這裡的自然風景，這裡的人的樸實純真，這裡的狂野，她身上的特點，日後我都會想念這些。或許有天，我愛上個黑人女孩，也不是不可能。畢竟愛不分顏色，無關年齡，但求動心。在每個人身上都有一把火，有些人恰好看到了光，但有些人卻只看到了煙。

　　這次會面之後，當我們再次拜訪，那屋卻早已人去樓空。我們打趣道：「會獨自待在這個地方生活的華人，可能是犯了錯、

清晨五點，在酒吧狂歡一晚後，從馬木祖的港口搭船，返回部隊所在的小島，趕週末清晨六點的集合點名。

流浪在外的通緝犯也說不一定。所以認識我們之後，趕緊換地方了，誰知道呢？」

　　　　　　　　　　如果那是夢想，再苦也要去

終於回家

　　在非洲出完任務之後，我們從馬約特離開，在吉布地待了一段時間，在那裡我們每個人都看了心理醫生。看心理醫生是兵團在海外任務過後，為了確保軍人心理健康所做的安排，況且我們目睹了戰友的死亡。

　　這時候的我仍沒有護照，護照被部隊扣押。我已經服役接近四年，也代表著這四年間都沒有機會回台灣。為了回家，我從半年前就向連長申請假期返家，原先是被同意的，但直到任務結束，這個請求卻不了了之。在放假前一週，我向管理假期的單位訴說我的情況，不過他們也幫不了我，假期間我們只能在法國境內移動。單位的長官私下告訴我，要回去可以，但千萬不要惹上什麼是非，萬一發生了，不要被抓到就沒事。

　　聽了他的話，為了回家我決定放手一搏，於是我先去巴黎領事處，不過領事處的人馬上看出了我是當兵的人。

「你不是要逃兵吧？」

「沒有啊，我是打算回家看看，現在剛從任務中歸來，放假一個月呢！」

「你真的不是要逃兵？」工作人員跟我再三確認。

「真的不是，我已經當兵三年半多了，合約只剩下一年，還有什麼過不去的？」

「那好吧，那請問你來這裡需要諮詢嗎？還是需要什麼幫助呢？」

「我需要一本護照。」

「我們這裡不能給你辦護照，除非你的護照遺失了，並且持有在法國警察局報案的申報單，裡頭註明你確實遺失了護照。」

接著我去了巴黎火車東站，向警察局報案說護照遺失了，很快把申報單寫好，然後回到領事處。申請護照的過程很快，因為知道我的時間不多，工作人員特地幫我申請了急件，中午前交資料，下午立刻辦好，直接通知我去領新的護照。由於是緊急護照，有效期限比正常護照短了一半，僅有五年，不過對於我來說，已經足夠。

回家之前，我跟一名戰友在中餐館敘舊，依稀記得吃的是川菜，非常辣的那種，打工的服務生是位年輕女留學生，手插著腰、面帶愁容看著我。我問了她：「你們有溫水嗎？」

「我們幾度的水都有。」

「那給我一杯溫暖 38 度 C 吧！」

「這杯水給您，剛好的溫暖 38 度 C，一度不差。」

「對了，我想問個冒昧一點的問題，我很久沒有回家，現在

突然要回去了，應該買什麼禮物給媽媽呢？最好是有法國特色，然後有紀念價值的。」

「那當然是買 LV 了啊！」此話一出，我頓時豁然開朗，那瞬間什麼都明白了。

一旁老闆娘識相的對服務生說：「那妳今天就早點下班吧，好好陪兩位帥哥找地方聊聊天。」

離開餐廳後，服務生一路相伴，陪我們聊了幾句。她還特地推薦了我幾個包款，不過都是偏向年輕人喜好，我想我媽應該不會背這麼潮的包出門吧？不過也不一定，誰沒有年輕的心呢？「重要的是心意啊。不管你買什麼，她一定都會喜歡的。」

挑好禮物後，我火速搭機返台，片刻也不能浪費。在機場見到了高中時期的好朋友，她現在在機場工作。一落地，堂哥與大嫂來機場接機。因為久未返家，身上沒有鑰匙，沒想到我堂堂長子也會有爬牆鑽窗戶進自己家門的一天。

這次回家爸媽毫不知情，直到他們進了家門才知道我回來了。大約在下午五點多，他們才到前庭，我就聽到了熟悉無比的聲音。

「哎，奇怪了？燈怎麼是開的？不會是遭小偷了吧？」媽媽雖然這麼說，還是無比粗神經地走進來。看到站在客廳的我，頓時潸然淚下。「逢儒？是你嗎？我不是在作夢吧？」

「媽媽，是我啊，我回來了。」

「啊！！！」她衝過來把我抱進懷裡，用手不斷地捶著我的胸口，直到眼淚都弄花了她的妝容，手緊緊地拉著我，彷彿一放手就會再次失去我。

爸爸隨後也進到客廳，他沒有太過度情緒化的表現，只是微

▎櫃姐推薦我買給媽媽的包。

笑看著我，拍拍我的頭，問我哪裡受傷了嗎？瞧著我的臉，確認是我沒有錯，仔細地把我端詳一番，在原本嬌生慣養的我身上發現了幾道傷疤。看得出來他很痛心，我安慰他，說那是當兵的痕跡，已經不痛，沒有大礙。當下其實我是說謊了，傷痕後面的故事，我希望他們永遠不知曉。

　　後來等到媽媽終於止住了她流不停的淚水，我這個壞孩子接著拿出準備的禮物，那個精挑細選的 LV 包，感覺應該會很適合她。一打開禮物，結果媽媽又被我弄哭了，不過那是高興至極、不禁

　　　　　　　　　　如果那是夢想，再苦也要去

喜極而泣的哭，我真心希望她喜歡。從小為了弟弟和我，她不斷賺錢養家，滿足了我所有應得的物質需求，但是我卻從來沒能送她什麼禮物，這是我第一個自己賺錢買給她的東西。

對於爸爸，我則是送了一雙法軍沙漠色軍靴，還有一瓶波爾多酒莊紅酒、一瓶法國白蘭地加上一瓶威士忌。以我對爸爸的了解，在物質享受上，他幾乎是無欲無求，愛好的也只有那一口杜康而已。

給弟弟的禮物則帶了香奈兒的男士香水和永不過時的飛行員款雷朋太陽眼鏡，弟弟這人比我爸更無欲無求，整天志在工作，幾乎過著苦行僧的生活。我倒希望他能夠玩得開心一點，畢竟年輕，多認識朋友、好好談戀愛不能嗎？

他自己打工，拿著微薄的薪水，生活過得也節儉，而我卻在我舊房間的抽屜裡發現好幾個紅包袋，從我離家後的每一年，每年他拿到的紅包錢，都留了一半給我。

選擇走上外籍兵團這條路，父母從最初的不諒解到後來的勉強接受，唯一不變的是，擔心孩子安危的那顆提心吊膽的心。

或許有些任性，但對我而言，沒有來法國當兵的話，人生就不會完整，當了兵後悔幾年，不當兵後悔一生。雖然沒能為自己國家效忠奉獻，但是若是國家需要我，我絕對義不容辭。

在外國軍隊的歷練跟自己國家不同，平心而論，軍隊都不是什麼舒服的地方，也不是賺錢的地方，怕死就不該當兵，想有錢也不該當兵。這裡有激動人心的冒險，是許多男人嚮往的殿堂，但實際上與浪漫主義毫不相關，是以時間和體力為代價，等待脫穎而出，直到未來某天，我可以大喊：「我有自由，我有麵包！」

退伍之日

讀徐志摩〈再別康橋〉，最後那句「我輕輕地招手，不帶走一片雲彩」，道出了我的心聲。以前讀過詩人的詩，便為他的文字折服，想來康橋這水土育人倒是不假，如詩如畫的景色孕育了詩人的性情，只見其文，即便不在其地亦可見其景，對我這般從未去過英國劍橋的人來說，也能依稀感受詩人當下的心情寫照。但是我想即便讀懂了詩形句體，若是沒有這種浪漫至極的情懷，是怎麼也到不了詩人性靈所在的彼岸。

徐志摩寫道：「那年的秋季我一個人回到康橋，整整有一學年，那時我才有機會接近真正的康橋生活，同時我也慢慢的『發現』了康橋。我不曾知道過更大的愉快。」

對於大部分人來說，世界太龐大了，有些人甚至一輩子沒有機會離開自己土生土長的城市。雖然在這個時代，不出門也能與世界接軌，有心者在可連結網路的前提下，甚至能夠自學大學課程。可是透過閱讀圖書、網路媒體、電視介紹的認識，可不比到

如果那是夢想，再苦也要去

實地一遊在當地過活來得深刻。

正如「發現」了康橋，這點其實與我起初有意在國外從軍有些類似。相較一般按部就班升學的大學生，我在軍隊裡兜兜轉轉了幾年之後，重新踏入校園，雖然時間晚了，但是我敢肯定我比其他人更加清楚自己真正想要什麼，想要過上怎麼樣的生活，還有自己為了走到今天是如何不容易。曾經付出過的努力仍然歷歷在目，不僅是年齡的變化，還有心境上的轉變，如今已沒有什麼能將我打倒。

從軍，也是我取得人生上真正公平的一步。畢竟我的家境並不允許我在國外讀書，然而在國外當兵後，卻可以讓我取得這種資格——做選擇的資格。

我從未將成為外籍兵團成員做為一生志業，對我來說，這五年，是任性的五年，是義無反顧的五年，也會是浴火重生的五年，為此我並不後悔。相較於以往在法國當兵五年，退伍時就會給予法國國籍，如今拿國籍已經不那麼容易，若不續簽幾年，實在很難到手。所幸我一開始的目的便不在入籍法國，只要能夠賺點錢，夠自己幾年開銷便足矣。在軍隊裡，再待下去也毫無益處，便是離去的時候。

有別在台灣當兵每天「數饅頭」，在這裡我們倒是沒有這種說法，依稀記得退伍前一年，即使訓練依舊，日子相比以前卻算是輕鬆了。江湖傳言「退伍前八字輕」，在我身上確有其事，在軍旅最後一年，我就進了四次急診室。

在外籍兵團認識的大部分同袍，無一例外，大家都對現狀有所不滿，不滿軍隊、不滿上下級制度、不滿曾遭遇過的不公不義。

然而時間一久，漸漸地這種不滿就成了習慣，這種生活可以過，我們還是會活著，但是絕不是我想要的。大家都明白在部隊裡久待並不一定是個好主意，但是很多口口聲聲說要離開的人，都不一定會付諸行動，有些人以續簽做籌碼換取升職，或換一段長假、申請培訓，或是藉機調去心儀的單位。

在退伍前某一天晚上，我收到媽媽發的一條訊息，希望我不要再當兵了，否則可能當一輩子的兵。而我沒有說出口的是，早在當兵之前，我就知道我絕不是一輩子待在軍隊的人，我也從來沒有說過我想續簽。

每當無路可走時，老天爺便會把石頭放在每個人面前，大多數人會把石頭堆砌成牆，修屋砌瓦僅求安定；有些人則會以命相搏，不畏風險以石造橋，即便前方無路，哪怕位於斷崖險嶺，也會義無反顧地闖出路來。

加入法國外籍兵團，是我追尋理想人生而走出來的路，到了可以退伍的時刻，有些人在體制前止步，把石頭砌成高牆，軍隊便是一座圍城，即便牆外許多人欽羨想進來，但是城內的人卻想出去。我不願成為這個體制的一部分，換言之，這片安穩的牆，不是我最終留下的場所，所以我不會停在原地，必須繼續向前。

退伍後，我終於自由了，帶著一點辛苦賺的錢，離開比家還熟悉的軍隊，八千里路雲和月，仍然歷歷在目。在離開軍隊前一年，我為了報考大學，趁著假期自費考了法語考試，所幸一試便過，順利達標外國學生進入公立大學的語言水準。在法國入學管道眾多，國立大學入學門檻較低，但是畢業門檻高。能夠取得教育機會實屬難得，高等教育的殿堂對我來說，有時候比天堂更加

遙不可及，我想我死後運氣好可能上天堂，但是讀書卻不一定。

　　二〇二〇年三月底離開軍隊時，很不巧遇到法國因為第一波新冠肺炎疫情開始封城。處在疫情高峰期，幾乎每天出不了門，出門必須填寫出行證明，且不得超過住家一公里，不然就可能面臨罰款。但也多虧了這段日子，如今這本書，便是當時禁閉在家，每天熬夜回想過往，嘔心瀝血下的產物。

　　當時已經申請了三家不同大學、不同科系，但尚未收到錄取通知書，按理說最晚四月底就該獲得答覆，但是我一直到六月才一一收到回覆，非常幸運的是，三個志願全部申請成功。

　　如今在大學上課的日子每天都很新鮮，即便同學普遍比我年輕很多，在校園也不比軍隊，人與人之間的相處雖然更加輕鬆彈性，但不像軍隊裡那樣深刻，能培養出一出事就馬上拔刀相助的交情。

　　部隊的日子影響著我，什麼事情都盡量做得一絲不苟，當學生就要當最認真的一位，每次上課都坐在第一排，對自己的要求有時候甚至比從軍時更加嚴格，也導致無法敞開內心，時常感到莫名的壓抑。一如戲劇老師說的，學習戲劇表演便是解放天性。或許經過幾年的學習，我能更放開自我也說不定？

　　戲劇是我的第一志願，我還選了從未接觸過、但是我一直很感興趣的哲學（甚至差點就要去讀里昂第三大學的哲學系了），主修戲劇、輔修哲學，透過戲劇的解放、哲學的反思，讓我更明白生命的意義。

　　我退伍了，但學習不會停下。人生這趟旅程，我仍在路上永不歇息。

後記
我願隨時奮不顧身

「我們曾經如此渴望命運的波瀾，到最後才發現，人生最曼
妙的風景，竟是內心的淡定與從容。我們曾經如此期盼外界
的認可，到最後才知道，世界是我們自己的，與他人毫無關
係。」──楊絳

人應該活成什麼樣子？我覺得這個問題背後沒有一個標準答
案，因為隨著性格不同、思想不同、際遇不同，每個人都會有自
己的解答，因此人生有無限可能。別怕生命有風浪，年輕就該嚮
往冒險。天不會因此塌下來，只想著不前進就要變老了。

國外當兵的生活不是在刀口舐血，不會有人平白送你百萬資
產。大多數的時間都很平常，不會過得舒服，也不會隨時有生命
危險。即使瀕臨戰亂地區，絕大多數的時間也離不開軍營，有時

　　　　　　　　如果那是夢想，再苦也要去

候每天不停全副武裝站哨，長時間一有動靜便草木皆兵，畢竟人都只有一條命，時刻小心，為自己也為所有人，為我們防線後的安寧。如同以往進行日常訓練，時刻培養默契，學習戰鬥技能，嚴格律己，以備不時之需。

不能說危險不存在，一旦出事，在戰鬥中軍人得如同本能般使用武器，根本不去想、甚至不被允許考慮自己情感上的反應。從古至今，外籍兵團就是替法軍踩地雷、衝鋒陷陣般的存在。最早進入戰區，卻最晚撤離。

另外，在法國部隊裡也有很現實的一面：種族歧視、語言不通、身體過度勞動、酗酒打架。那些想參加的培訓總是與人失之交臂，對往後工作有利的機會並不是努力便能獲得。在外籍兵團機會本就不多，想要升職得要志願續簽，想要出任務得志願續簽，想要進入特種部隊、做有趣的培訓也是如此。某些培訓在外自費大約需要幾萬歐元，透過軍隊培訓則是免費，但必須把人生跟軍隊交換。現在要升中士也得續簽，若是合約期滿前一年，不再志願續簽，基本上也沒有出海外任務賺錢的機會。

俗話說「好男不當兵」，我說「當兵真好難」。到另一個國家活在另一種制度底下，為何好好的日子不過，卻選擇冒著失去生命的危險，最後青春落難、有家難歸？

在軍隊裡，大部分的人缺少與外界的交流，缺少認識正常人的途徑，或是為了存錢而總是留在軍營，但我並不是這樣，我在部隊裡面結交很多朋友，在軍營外的朋友更多。許多人都覺得我善於交際，其實並非如此，我只是一直給自己找事情做，不管是學習或是玩樂都很認真。

碰到難得的假期，正常人都會好好度假，更何況我們當兵的，但我卻好幾次利用大好時光去了語言中心學法語、自我進修，巴黎索邦大學附屬語言中心是我故居，蒙彼利埃法國文化協會與我有情。連在關禁閉的時候，也不忘帶一本法語字典。別人說我像瘋子一樣，但不可否認我的法語程度在軍隊的華人圈子裡數一數二，當時一起關禁閉的中國獄友法語不太好，時常聽不懂命令，都是我在替他翻譯和與人溝通。有次他拿字典隨便翻頁問我法語單字的意思，我九成會答對。另一位黑人獄友也說：「完蛋了，成龍法語太好，不能隨便背後說他壞話（成龍是我的綽號）。」

　　在某次假期，我參加巴黎春晚海選，應徵過年春節武術開場的表演，最終入選。在法國巴黎議會宮，參加那場名為〈春永在，億載闢芳華〉的演出。在巴黎的表演結束之後，蒙彼利埃學聯主席邀請我去參加蒙彼利埃中國大學學聯，也在當地的春晚表演一個武術節目，剛好是在巴黎演出完兩週之後。後來我找了三個戰友一起，不過沒有太多時間排練，表演當天早上才開始安排動作，還用上了刺刀演出奪刀技術、摔技與擒拿等等。學聯主席還希望外籍兵團的華人，能夠協助當地學生安全事宜，並邀請我加入安保會。

　　許多人為了法國國籍而加入外籍兵團，但是我不是為此而來，雖然喜歡國外的生活環境，但我始終以自己的文化為榮。在那次表演後，我便想著在退伍以後要演出武打動作電影，我最嚮往史特龍那樣的硬漢，現在正在努力訓練自己。退伍至今三個月，書已有雛形，也順利申請上了法國大學的戲劇學系，但未來未定，若是有一點實現夢想的機會，我願隨時奮不顧身，義無反顧的去

　　　　　　　　　　如果那是夢想，再苦也要去

在巴黎街頭與戰友們的合影。

追求。

　　這是一本打打殺殺的日記，偶爾還有溫柔的聲音。待過簡單乾淨的科西嘉島，走過午夜迷離的巴黎，留在平靜安定的蒙彼利埃。在這個為了生活必須卑躬屈膝的年代，我對於懦弱膽怯不予苟同，卻希望對目標奮不顧身。我深知自己的不完美，可是不達目的絕不罷休。

i 生活 17

如果那是夢想，再苦也要去

前進或死亡，法國外籍兵團教我的事

作者 許逢儒 HOU Fu
封面設計 黃耀霆 責任編輯 林雅雯 內文排版 李偉涵
副總編輯 林獻瑞 印務經理 黃禮賢

社　長 郭重興　發行人兼出版總監 曾大福
出版者 遠足文化事業股份有限公司 好人出版
　　　　新北市新店區民權路 108-1 號 8 樓
　　　　電話 02-2218-1417#1282 傳真 02-8667-1065
發　行 遠足文化事業股份有限公司　新北市新店區民權路 108-1 號 8 樓
　　　　電話 02-2218-1417 傳真 02-8667-1065
　　　　電子信箱 service@bookrep.com.tw　網址 http://www.bookrep.com.tw
郵政劃撥 19504465　遠足文化事業股份有限公司
法律顧問 華洋法律事務所　蘇文生律師
印製 成陽印刷股份有限公司　電話 02-2265-1491

初版 2020 年 12 月 9 日 定價 380 元
初版四刷 2022 年 7 月 6 日
ISBN 978-986-98693-9-3

國家圖書館出版品預行編目資料

如果那是夢想，再苦也要去：前進或死亡，法國外籍兵團教我
的事／許逢儒作 . -- 初版 . -- 新北市：遠足文化事業股份
有限公司好人出版：遠足文化事業股份有限公司發行，
2020.12
　面；　公分 . -- (i 生活；17)
ISBN 978-986-98693-9-3(平裝)
1. 許逢儒 2. 軍人生活 3. 回憶錄
783.3886　　　　　　　　　　　　　109018256

讀者回函 QR Code
期待知道您的想法